BORDEAUX

GRANDS CRUS CLASSÉS 1855–2005

Dank

Dieses umfassende Buch erscheint aus Anlass des einhundertfünfzigsten Jahrestages der Klassifizierung der Weine des Bordeaux im Jahr 1855.
Der Conseil des Grands Crus Classés du Médoc en 1855 dankt dem Verlag Flammarion und besonders Ghislaine Bavoillot für den unstillbaren Drang zur Perfektion, Nathalie Démoulin und Sylvie Ramaut für ihre Freundlichkeit und Effizienz.
Dank auch an das Bordelaiser Weinmakler-Unternehmen Tastet & Lawton, das uns seine Archive geöffnet und uns erlaubt hat, die Kommentare zu einhundertfünfzig Jahrgängen der Grands Crus Classés zu veröffentlichen; ganz besonderen Dank dabei an Daniel Lawton und Erik Samazeuilh.
Dank an François Laforet und Guy Charneau.

Ein besonderes Dankeschön an die Cristalleries Baccarat.

Dieses Buch ist aus einer sehr engen Zusamenarbeit zwischen einer Bordelaiser und einer Pariser Gruppe hervorgegangen, die beide dieses Projekt verfolgten – sechzig Châteaus darzustellen, die sich einer einzigen Aufgabe verschrieben haben, nämlich große Weine zu erzeugen.
Ohne den Schwung, die Begeisterung und die Diplomatie von Philippe Castéja und ohne die Hingabe von Sylvain Boivert würden diese dreihundertzwanzig Seiten nicht existieren. Ihnen sei genau so gedankt wie Jean-Paul Kauffmann, Hugh Johnson, Dewey Markham, Jr., Cornelis van Leeuwen, Franck Ferrand und Christian Sarramon für ihre wertvolle Mitwirkung.
Ein großes Dankeschön an Katie Mascaro, Jane Riordan und Simone Schmickl, die die englische und deutsche Ausgabe dieses Buches realisiert haben.

Franck Ferrand dankt Philippe Castéja und Sylvain Boivert vom Conseil des Grands Crus Classés, die ihm die Arbeit leicht gemacht haben, sehr herzlich und legt besonderen Wert darauf, den Eigentümern, technischen Direktoren und weiteren Verantwortlichen dafür von Herzen zu danken, dass sie ihn während seiner Besuche im Médoc mit einer Freundlichkeit und Disponibilität empfangen haben – manchmal zu Tisch –, die unvergessen bleiben werden.
Mehr als hundert weitere Personen könnte er hier nennen:
Sie alle sollen seiner Dankbarkeit gewiss sein.

Christian Sarramon möchte besonders Patrick Duruy für seine treue Freundschaft danken, Jacqueline Duruy für die schönen Abende von Gombaut und dem ganzen Lektorat von Flammarion, das dieses Projekt »getragen« hat.

Anmerkung des Verlags: In diesem Buch sind nur die Châteaus vertreten, die in die Klassifizierung der Weine von Bordeaux des Jahres 1855 aufgenommen wurden. Sie produzieren Rotwein und gehören dem Conseil des Grands Crus Classés du Médoc en 1855 an.

BORDEAUX

GRANDS CRUS CLASSÉS 1855 – 2005

VORBEMERKUNG JEAN-PAUL KAUFFMANN

VORWORT HUGH JOHNSON

TEXTE DEWEY MARKHAM, JR., CORNELIS VAN LEEUWEN

UND FRANCK FERRAND

FOTOS CHRISTIAN SARRAMON

ÜBERSETZUNG ANKE BECK, HANNELORE GANSLANDT,

INGRID ICKLER, MICHAELA SPATH

UND MARCUS WÜRMLI

Flammarion

Möge dieses Buch ein Zeugnis des Dankes für die früheren Generationen
und für die heutigen Direktoren, Verwalter, Kellermeister und Winzer sein.
Sie arbeiten jeden Tag daran, dass die Weine unserer Grands Crus Classés des Médoc
unterschiedlich ausfallen und einzigartig bleiben.

PHILIPPE CASTEJA

*Président du Conseil des Grands Crus Classés
au Médoc en 1855*

Inhalt

Vorhergehende Seite: Bereits lange vor der Klassifizierung von 1855 waren einige Schlösser – hier Brancaire-Ducru – von Weinbergen umgeben.
Gegenüber: Die Arbeit im Weinberg war von jeher etwas Besonderes, wie das auf der folgenden Seite abgebildete Basrelief des Lackkünstlers Jean Dunand im Château Giscours zeigt.

Vorbemerkung von *Jean-Paul Kauffmann*

EINE CHARTA

Was wahr ist, ist fast immer auch richtig. Die Überlegenheit des Weines von Bordeaux hat ihre Wurzeln wahrscheinlich in der Einfachheit seiner Klassifizierung. Allem zu Grunde lag eine klare Idee, die den Vorteil hat, direkt zum Ziel zu führen. Diese Rangfolge hat die Kraft, Klarheit und Knappheit der Dinge, die unmittelbar zu erfassen sind. Sie verleiht dem Bordeaux eine Einheit des Stils, auf die alle übrigen Regionen nur mit Neid blicken können. Dank der Klassifizierung war dieser Wein der Erste, der eine harmonische Ordnung in idealer Weise symbolisierte. Und noch erstaunlicher: Diese Hierarchie bringt uns zum Träumen. Sie ist ein bisschen wie ein Ritterorden. Die sechzig Auserwählten bestanden über lange Jahre hinweg harte Proben und treten nun als Ritter der Tafelrunde auf. Sie verkörpern eine Organisation der Welt, ein Konzept der Dauerhaftigkeit und vor allem auch eine Moral. Die Menschen vergehen, aber diese Crus bleiben. Seit 1855 sind die aufeinander folgenden Besitzer nur Träger von Zeichen, die sie überleben. Diese Legitimation, die die Klassifizierung jedem Cru verleiht, beinhaltet auch die Grenzen, die keiner überschreiten kann, ohne sich selbst zu verlieren.

Diese Namen müssen ihr Privileg ohne Unterlass rechtfertigen – oder sie verstoßen gegen die Regeln. Diese moralische Verpflichtung, diese Notwendigkeit, eine Zusage einzulösen, die vor einhundertfünfzig Jahren gegeben worden war, erklärt ohne Zweifel die Beliebtheit der Rangfolge und legitimiert sie. Die Klassifizierung hat schon vor langer Zeit die Frage nach der Verantwortung gelöst, die heute im Zentrum unserer Gesellschaft steht. Mit Bewunderung stellt man fest, dass einige Crus zwar Schwächen zeigten, aber kein einziger Cru ging völlig unter.

In einer Zeit, die von der Grenzüberschreitung heimgesucht wird, die immer mehr den Schein der Realität vorzieht und die doch nostalgisch ist, verkörpert die Klassifizierung eine Beständigkeit, eine Durchdachtheit und eine Art des Denkens und Handelns, die nie verloren gegangen sind. Wenige Grundtexte betten die Vergangenheit so gut in die Gegenwart ein. Es besteht die Versuchung, in dieser klassischen Architektur nur ein vornehmes, aber unbewegliches Denkmal der Vergangenheit zu sehen. Sie ist aber nicht wie Narziss, der sich in der Bewunderung seiner Schönheit und Macht verliert, sondern eine lebendige Erfahrung mit weiterhin ungebrochener Autorität, weil sie die tiefliegende Natur eines Weines erklärt und enthüllt. Der Bordeaux ist der erste moderne Wein. Diese Modernität verdankt er zu einem großen Teil der brillanten Verbindung von Pragmatismus und Rationalität. Die Rangfolge spiegelt die Situation des Marktes und die Einschätzung durch den Markt über fast ein halbes Jahrhundert hinweg wider und gelangte dadurch zu einer Gültigkeit, die immer wieder nachgeahmt, aber nie wirklich erreicht wurde. Sie beruht auf der vollkommenen Übereinstimmung zwischen dem Terroir und seinen Menschen. Die Klassifizierung hielt den Zustand während eines bestimmten Augenblicks präzise fest. Wenn man heute eine neue Klassifizierung aufstellen und dabei dieselben Kriterien anwenden wollte, gelangte man praktisch zum selben Ergebnis.

In Wirklichkeit ist diese Hierarchie schon lange keine Klassifizierung mehr, sondern eine Person. Jenseits der Namen, die sie bilden, wurde die Gruppe zu einer lebenden, untrennbaren Individualität. Diese Crus garantieren eine Einheit, während gleichzeitig jeder aus seiner Einzigartigkeit Vorteil zieht. Auf solche Paradoxa gründet man im Allgemeinen nichts Dauerhaftes, aber wenn es gelingt, ist es für die Ewigkeit bestimmt. Es gibt natürlich das Symbol, aber vor allem ist es dieser absolut einzigartige Zusammenhalt. Die Unterteilung in fünf Gruppen entfaltet und ergibt sich ohne Spaltung und ohne Opposition. Jeder Cru enthält einen Teil der Substanz, und die Klassifizierung bildet die Gesamtheit. Diese Einheitlichkeit kann etwas Irritierendes an sich haben. Die Klassifizierung von 1855 umzugestalten ist ein Gesellschaftsspiel, das man seit einhundertfünfzig Jahren kennt. Die Kritik dieser Charta ist die Lieblingsbeschäftigung der Weinjournalisten, der Sommeliers und der Experten. Statt dadurch aber geschwächt zu werden, geht sie aus der Kontroverse noch fundierter, noch beständiger, noch lebendiger hervor.

Es kommt selten vor, dass ein so grundlegender Akt in einem so wechselhaften Land wie Frankreich so lange und weiterhin Gültigkeit besitzt. Denken wir an die Abfolge von Verfassungen seit dem Zweiten Kaiserreich. Ein einziges Mal hat sich die französische Obsession, alles geschrieben vor sich zu sehen, als positiv erwiesen.

Vergessen wir nicht, dass die Liste mitten im Krimkrieg aufgestellt wurde, genau in dem Augenblick, da einer der französischen Führer, Mac Mahon, nach der Eroberung der Festung Malakoff ausrief: »Da bin ich und da bleibe ich«, während die Bastion doch vermint war. Sie war es aber doch nicht. Das Gebäude des Médoc, diese fast ideale Repräsentation der Bordelaiser Weinwelt, kann offensichtlich auch nicht mehr zerstört werden. M. W.

Vorwort von *Hugh Johnson*

DIE GEBURT DER GRANDS CRUS CLASSÉS

Heute ist die Landschaft geordnet wie ein Garten. Ein Garten größten Ausmaßes mit zahllosen Alleen. Die Gehölze von einst sind zu kleinen Wäldern geworden, die Blickfänge zu großen Häusern. Unverkennbar verbindet sich in dieser Landschaft Produktivität mit Stolz und Vergnügen. Vor vierhundert Jahren war das ganz anders: ein wildes, einsames Land, wo zwischen den wenigen Dörfern sumpfiges, nutzloses Land lag. Ein paar Rebstöcke, Obstbäume und Getreidefelder und viele Haustiere hielten die Bevölkerung am Leben. Sie kannte als verbindendes Element nur den großen, grauen Strom, der von den weiten Bergen bis ins nahe Meer floss. Nur wenig deutete darauf hin, dass im Boden ein Vermögen steckte oder dass nach nur drei Generationen ein Besitzer im Médoc bei einem Besuch in Versailles polierte Steine seines Landes als Knöpfe auf seiner Kleidung tragen würde. Es wird berichtet, dass genau das Nicolas-Alexandre, der Marquis de Ségur, tat, der Besitzer der Châteaus Lafite, Latour, Mouton und Calon, den alle unter der Bezeichnung »Prinz der Reben« kannten. Das Médocgebiet war reif für diese Entwicklung. Es lag strategisch günstig zwischen der Stadt Bordeaux und dem Meer, das den Handelsleuten ihr Einkommen ermöglichte. Der Hang zum Landleben ist nicht selten bei Männern, die ihre Zeit bei Hofe oder im Kontor verbringen. Dass sie bisher bei ihrer Suche nach Land nie nordwärts in das Médocgebiet geblickt hatten, lag an den berüchtigten Sümpfen. Und dass sie ihre Meinung änderten, lag an den Niederländern.

Wer heute durch das Médocgebiet reist, durchquert ein leicht hügeliges Gebiet mit dicht gedrängten Rebzeilen, die an große, grüne Dünen erinnern. Dazwischen und um sie herum verlaufen Pappelalleen. Von der Terrasse des Château Lafite aus sieht man erst einen wunderschönen Gemüsegarten, dann Pappeln, einen Kieshügel und obendrauf den Versuch einer Chinoiserie: Cos. Die Eignung solcher Hügel für den Weinbau garantieren dazwischen liegende Wiesen, in denen Bäche das Wasser zum Meer transportieren. Betrachten Sie eine Karte des Médocgebietes: Überall finden sie solche Wasserläufe, dazwischen kleinere Gräben, von denen wiederum im Erdreich vergrabene Dränagen abzweigen. All das ist das Werk der niederländischen *désiccateurs* des 17. Jahrhunderts, der Landentwässerer. Entwässerung brachte das Land zum Blühen – und ist immer noch die einzige wissenschaftlich fundierte Verbindung zwischen Boden und Weinqualität. Instinkt und Erfahrung führte die ersten Investoren zu den höchsten Punkten dieser sonst nicht gerade beeindruckenden Landschaft. Sie rodeten Wälder und Obstgärten, um Setzlinge von einem Dutzend unterschiedlicher Rebsorten zu pflanzen. Zufälligerweise? Keinesfalls. Der Erfahrungsaustausch funktionierte, und man bildete Allianzen. Wozu? Das Ziel war ein besserer Wein, Wein für eine verfeinerte, geschliffene Gesellschaft. Bordeaux war eine einzige Baustelle, als man die mittelalterlichen Häuser abbrach und neue aus Stein erbaute. Dieselbe Philosophie galt im ganzen Land: Man wollte Rohheit durch Raffinesse

Drei leere Gläser aus dem Blickwinkel des Künstlers: Vorgeschmack einer Genuss versprechenden Weinprobe.

ersetzen und zu einer neuen zivilisierten Lebensart finden. Ein Vorbild gab es nicht. Wie sollte man die Reben pflanzen, ziehen, beschneiden? Welche Sorten eigneten sich am besten? Sollte man sie mit Mist düngen? Wann sollte man die Trauben ernten? Wie sie zerquetschen und gären lassen? Wie lange sollten die Schalen in der Maische verbleiben? Muss die Weinpresse zum Einsatz kommen? Welcher Fasstyp eignet sich am besten? Wie lange sollte der Wein darin ruhen, bevor man ihn in Flaschen füllt? Und welcher Geschmack, welche Düfte und welche Aromen bedeuten den Erfolg?

Das Médocgebiet wurde bepflanzt, um Gewinne zu machen und weniger wegen der Vergnügungen des Landlebens. Die besten Produkte waren zuallererst für eine neblige, nicht allzu freundliche Insel im Norden bestimmt, deren herrschende Klasse anscheinend für einen gut zu trinkenden Wein jeden Preis bezahlte. Zunächst kamen auf diesen neuen Markt nur die – zeitlich wie von der Qualität her gesehen – ersten Gewächse. Dann folgten die zweiten. Sie stammten von Domänen, die man so nahe wie möglich bei den ersten anlegte. Nach und nach folgten dann Dutzende von Weingütern, die sich auf dem bisher nicht bepflanzten Boden ausdehnten. In etwas mehr als fünfzig Jahren stand jede nur halbwegs geeignete Lage in den Gemeinden von Margaux, Saint-Julien, Pauillac und Saint-Estèphe und vieler weiterer im Norden, Süden und Westen unter Reben.

Die Gemeinde Saint-Estèphe (oben und vorhergehende Doppelseite) bildet den nördlichsten Zipfel des Haut-Médoc. Obwohl ein Teil der illustren Domäne Lafite-Rothschild (gegenüber) noch in Saint-Estèphe liegt, gehört sie zur Appellation Pauillac.

Das Médoc ist ein Siedlungsgebiet des 18. Jahrhunderts. Wahrscheinlich begann die Besiedlung früher, und mit Sicherheit ging sie später zu Ende. Aber die Kernzeit lag im Zeitalter der Aufklärung und war somit eher rational als extravagant. Die Betonung lag auf der Produktion. Gebäude für die Lagerräume und Scheunen entstammen der Technologie des 18. und 19. Jahrhunderts. Zwei Châteaus, Margaux und Beychevelle, zeigten architektonischen Ehrgeiz. Die übrigen sollten der Familie nur Bequemlichkeit und den Kunden Gastfreundschaft bieten. Es ist die Zweckmäßigkeit, die den Châteaus ihre Einheitlichkeit und Anziehungskraft verleihen. Sie scheinen mehr Apollo als Dionysus geweiht. Die Prioritäten liegen auf Ordnung und Eleganz. Angefangen von der Paradeordnung der vielen identischen Fässer im Kellerraum bis zu den nüchternen Tapeten und den strengen Sesseln im Salon gibt es nichts, was die Sinne des Besuchers überfordern würde. Wie die Fotografien in diesem Buch brillant zeigen, bedeuteten die kleinen Details alles. Bevor der Wein in glänzende Flaschen abgefüllt wird, inspiziert man die Visitenkarte, die als Etikett dienen muss, und die rubinfarbene Flüssigkeit fällt in das Kristallglas.

Ja, es dreht sich hier alles um den Wein, der von tieferem Rot ist und stärker als ein Rubin glänzt. Sein Duft verbindet das vom Meer umgebene Land und dessen Früchte, süße schwarze Johannisbeeren, kiesige Erde, fahle Fassdauben aus Eiche und selbst das perlmuttfarbene Licht des Atlantiks. Dazu kommt der mächtige Eindruck im Mund, eine merkwürdig asketische Art, die Reife, von einer präzise berechneten Adstringenz kontrolliert, warm und kalt zugleich, ebenso Rätsel wie Offenbarung. Ein Wein, der Leib und Seele gleichzeitig befriedigt. All das fanden die Kaufleute, die gleichzeitig auch Winzer waren, im Boden. Sie erkannten das Potential und bauten es aus. Sie wussten aber, dass ihre Palette begrenzt war. Die Variablen waren winzige Unterschiede im Klima (je näher am Fluss, um so gemäßigter) und im Mengenverhältnis von Kies, Sand und Lehm, das über die Entwässerung des Bodens und die daraus hervorgehende Entscheidung für Merlot und Cabernet bestimmt. Und die Zeit spielt natürlich auch eine Rolle. Hier tritt der Käufer auf den Plan. Er kann den glorreichen Augenblick treffen, wenn ein großer Wein auf seinem Höhepunkt ist, oder ihn auch verpassen. In Wirklichkeit dauert dieser Augenblick längere Zeit: mehrere Jahre. Der Kunde kann auch Freude haben an einem kleineren Jahrgang, wenn der Wein denn gut gemacht ist. Es bleiben der Ehrgeiz, die Energie und die Kompetenz der Besitzer. Bordeaux verfügt über einen althergebrachten Computer: die kombinierte Erfahrung der Makler, die für die Feinabstimmung des Handels sorgen. 1855 lieferte dieser Computer einen berühmten Ausdruck. Einhundertfünfzig Jahre später ist das nicht das letzte Wort, aber es bleibt das erste. M. W.

EINHUNDERTFÜNFZIG JAHRE SPITZENLEISTUNG

Dewey Markham, Jr.

Die Geschichte von Bordeaux spiegelt sich in der Klassifizierung der Crus. Diese ist eben viel mehr als nur eine Rangfolge der weinproduzierenden Châteaus. Diese Liste spricht Bände über den Ursprung der Region, den Weinhandel, der ihr Rückgrat bildet, und natürlich auch über die Châteaus selbst. Seit den frühesten Zeiten bestimmte die geografische Lage das wirtschaftliche Schicksal von Bordeaux. Die Stadt wurde von den Römern am Ufer der Garonne als Außenposten gegründet. Weine aus dem Landesinneren lud man hier um auf Schiffe und transportierte sie in die Heimat Italien. Später pflanzte man Reben rund um die Stadt, und die Region selbst wurde zu einem bedeutenden Weinbaugebiet. Auch diese Weine wurden verschifft. Das war notwendig, weil es ein Problem gab für den Verkauf im Inland. Die französischen Kunden für Weine dieses Kalibers waren Adlige am Hof in Paris. Doch die Entfernung zwischen Bordeaux und der Hauptstadt erwies sich als schwerer Nachteil. Die große Entfernung bedeutete nämlich, dass man für die Weine auf ihrem Weg nach Nordosten zahlreiche Steuern und Gebühren entrichten musste. Weinbaugebiete näher bei Paris, etwa Burgund und Champagne, waren eindeutig beliebter, weil sie durch die geringere finanzielle Belastung einfach billiger waren.

Im 17. Jahrhundert gab es vor allem zwei internationale Käufer für die Bordeauxweine, die Niederländer und die Briten. Beide waren von grundlegender Bedeutung bei der Herausbildung des Charakters und der Qualität des Weines, den wir heute trinken, wenn auch auf ganz unterschiedliche Art. Die Niederländer suchten die billigsten Weine aus, die sie bekommen konnten, wobei die Qualität eine zweitrangige Rolle spielte. Sie verschifften die gekauften Weine in ihre Kolonien auf der ganzen Welt. Welche Finesse ein Wein von höherer Qualität auch aufweisen mochte, sie war schon längst verloren gegangen, wenn er nach solch langer Reise an seinem Bestimmungsort ankam. Die Niederländer entwickelten einige Verfahren, um die Weine auf ihren langen Seereisen länger haltbar zu machen und ihnen ein größeres Alterungspotential zu verleihen. Sie brannten zum Beispiel Schwefel in einem Fass ab, bevor sie es füllten. Der Inhalt kam dann eher in einem genießbaren Zustand an (natürlich war das einige Jahrhunderte vor der Entdeckung der Bakterien als Auslöser für die Weinverderbnis durch Louis Pasteur. Die Niederländer konnten nicht wissen, dass Schwefel antibakterielle Wirkung entfaltet. Sie wussten nur, dass der Wein von dieser Behandlung profitierte). Dank solcher Verfahren der Niederländer machte der Bordeauxwein eine Wandlung durch: von einem Wein, der schnell getrunken werden musste, zu einem Wein, der mit der Lagerung eindeutig besser

Die Kassenbücher der Bordelaiser Weinhandelshäuser sind ein Musterbeispiel für akribische Sorgfalt, hier Exemplare aus dem Hause Tastet & Lawton.

Perücke, Beffchen, Hermelin: Auch wenn zwischen dem prunkvollen Ornat Arnauds III. von Pontac (oben) und der Bekleidung des schneidigen »Prinzen der Reben«, Nicolas-Alexandre de Ségur (darunter) kaum ein Unterschied besteht: Sie sind Vertreter verschiedener Epochen. Der auf dem Gemälde von Vernet zu erkennende Hafen von Bordeaux (gegenüber) war beiden aber bestens vertraut.

werden konnte. Die zweiten Hauptabnehmer des Bordeauxweines waren ganz anders orientiert. Auch die Briten verschifften ihre Weine, doch dauerte die Reise in den Norden nur kurze Zeit, und sie tranken den Wein selbst. Ihr Hauptanliegen war somit eine bessere Qualität. Diese Weine wurden in der oberen Mittelklasse der Gesellschaft so beliebt, dass die dauernd steigende Nachfrage die Preise immer weiter in die Höhe trieb.

Um 1640 reichte es aus, im Geschäft einen Wein aus einer der Regionen des Médoc zu verlangen. Damit konnte man sicher gehen, dass man eine höhere Qualität bekam. Preislisten aus jener Zeit zeigen, dass man innerhalb der Bordeauxweine eine Klassifizierung nach größeren Regionen vornahm. Im Laufe der Zeit wurden die Nachfragen der Kunden aber immer spezifischer. Man verlangte nach besonderen Gemeinden, die sich durch bessere Weinbereitungsverfahren einen besonderen Ruf erworben hatten. In der Mitte des 17. Jahrhunderts verlangten die Käufer nicht mehr nur einfach einen Graves, sondern beispielsweise einen Pessac. Im Lauf der Jahrzehnte gaben die Briten die Herkunft ihrer Weine immer genauer an. Die Aufmerksamkeit verlagerte sich von der Gemeinde auf einzelne Produzenten, die sich einen besonderen Ruf erworben hatten und sich dadurch vom Nachbarn in derselben Gemeinde absetzten. Nach allgemeiner Auffassung begann dieser Prozess mit einer Geschäftsidee von Arnaud de Pontac, dem Besitzer von Haut-Brion. Während des Wiederaufbaus von London nach der großen Feuersbrunst von 1666 sandte de Pontac seinen Sohn in die englische Hauptstadt. Er sollte dort eine Taverne mit dem Namen *The Pontac's Head* eröffnen. De Pontac wollte die Londoner mit den Weinen aus seinem Gut bekannt machen. Die Taverne und ihr Wein wurden vor allem in der Londoner Mittelklasse berühmt. Beim Kauf eines Weines rückte nun immer mehr der Produzent in den Vordergrund. Zu Ende des 17. Jahrhunderts reicht es nicht mehr aus, einen Pessac zu verlangen. Die Genießer sagten den Kaufleuten vielmehr, sie sollten für ihren Keller Haut-Brion erstehen.

Haut-Brion war nicht das einzige Gut, das von diesem frühen Markenbewusstsein britischer Weintrinker profitierte. Drei weitere Güter besaßen bei den Genießern ebenfalls eine eigene Identität: Margaux in der gleichnamigen Gemeinde, Latour und Lafite in Pauillac. Durch die Qualität ihrer Weine waren diese vier Domänen jedem Weintrinker namentlich bekannt. Die Nachfrage war viel höher als für jeden anderen Wein und führte zu Preisen, an die kein anderes Weingut im Bordelais herankam. So bildeten Haut-Brion, Margaux, Latour und Lafite eine eigene Gruppe, die man schließlich als *premiers crus*, als erste Gewächse, bezeichnete. In der Mitte des 18. Jahrhunderts erkannten auch andere Produzenten, dass Qualitätsanstrengungen finanzielle Vorteile brachten. So versuchten auch sie, Weine herzustellen, die die Aufmerksamkeit der betuchteren britischen Weintrinker auf sich zogen. So gelang es einer Gruppe von Weingütern, eine ähnliche Anerkennung auf dem Markt zu erlangen, ohne aber die Höchstpreise der vier ersten Gewächse zu erreichen. Die Weine dieser Domänen lagen preislich nahe beieinander und wurden schließlich unter der Bezeichnung *seconds crus* bekannt. Nach allgemeiner Meinung gehörte ungefähr ein Dutzend Domänen zu dieser Gruppe. Zu dieser Zeit lösten sich weitere Weingüter aus der Anonymität des Gemeindenamens. Sie hatten aber noch nicht die eindeutige kommerzielle Identität der vier Premiers Crus und der Gruppe der Seconds Crus erreicht. Als Thomas Jefferson im Frühjahr 1787 nach Bordeaux reiste, hatte sich dieses System schon so weit entwickelt, dass es eine wohl definierte Gruppe von *troisièmes crus* umfasste.

Preislisten aus den 1820er Jahren zeigen, dass dieser Trend weiter anhielt und zu einer Gruppe von *quatrièmes crus* führte. In den frühen 1850er Jahren gab es in dieser kommerziellen Hierarchie dann fünf klar definierte Klassen mit insgesamt sechzig Weinproduzenten. Da man dachte, dass die Position auf der Liste mit dem Preis der Flasche zusammenhänge, ist es offenkundig, dass in der ersten Hälfte des 19. Jahrhunderts die ursprüngliche Platzierung einer Domäne und ihre wirkliche Situation sich immer wei-

ter auseinander entwickelten. Das geht bis in unsere Tage so weiter: Manche in einer niedrigeren Kategorie eingestuften Weine verkaufen sich heute zu Preisen einer höheren. So nahm dieses System der kommerziellen Rangfolge Form an. Es entwickelte sich von oben nach unten und passte sich dauernd an, wenn sich die Bedingungen in den einzelnen Domänen und am Handelsplatz Bordeaux veränderten. Zu Beginn des 17. Jahrhunderts kamen die gesuchtesten Weine aus Graves. Später im Jahrhundert entwickelte sich das Médoc als Region für Spitzenqualität. Die Anhängerschaft dieser Weine stieg – und ebenso der Preis. In der Mitte des 19. Jahrhunderts erreichten die Médoc-Weine so hohe Preise, dass nur noch Haut-Brion mithalten konnte. Damit blieb dieses Gut das einzige in Graves, das für würdig befunden wurde, ganz oben in der Hierarchie zu stehen. Kein weiteres Rotweingebiet in der Umgebung von Bordeaux konnte solche Preise verlangen wie das Médoc.

Die Klassifizierung war ein Eckstein des örtlichen Weinhandels, und jedermann, der damit zu tun hatte – ob Händler, Besitzer oder Makler –, wusste damals, wie jedes Gut eingestuft war. Diese Vertrautheit mit der etablierten Ordnung wurde durch die weite Verbreitung verstärkt, die diese Klassifizierung genoss. Zunächst diente sie nur den Eingeweihten des Weinhandels in Bordeaux, doch im ganzen 19. Jahrhundert wurde sie bei vielen Gelegenheiten weiter bekannt gemacht. Zu Anfang dieses Jahrhunderts gab es die ersten Bücher für Weintrinker, und die Klassifikation wurde oft aufgenommen, etwa in Büchern wie: *Topographie de tous les vignobles connus* von André Jullien 1816, *The History of Ancient and Modern Wines* von Alexander Henderson 1824 und *A History and Description of Modern Wines* von Cyrus Redding 1833. Die Klassifizierung bewies ihre Nützlichkeit auch dadurch, dass sie in einen Bericht des Britischen Parla-

MOUTON
DE ROTHSCHILD, Propriétai
1858
Galos
Gérant
BORDEAUX

ments »über die Handelsbeziehungen zwischen Frankreich und Großbritannien« (1835) und in ein Gutachten aufgenommen wurde, die der französische Minister für Landwirtschaft und Handel unter dem Titel *Weinbau, Bewertung der Produkte für die Jahre 1847 und 1848* in Auftrag gab. Die sich herauskristallisierende Klassifizierung wurde auch in immer mehr Reiseführer für Besucher der Region aufgenommen, etwa in *Le guide de l'étranger,* der seit 1825 mehrere Auflagen erlebte, sowie *Bordeaux: Its Wines, and the Claret Country* von Charles Cocks (1846), das schließlich zu *Bordeaux et ses vins* wurde, der »Bibel« des Bordeauxgebiets. Bei jeder Neuauflage der Klassifizierung sahen die Besitzer, Makler und Händler, wie die Preisstruktur gerade war, und die Konsumenten entwickelten immer mehr ein Gefühl für die Qualität der Bordeauxweine.

Die Produzenten waren stolz, wenn ihre Weingüter den Status eines klassifizierten Gewächses erhielten. Aber für den Weinhandel in Bordeaux hatte diese Klassifizierung auch noch einen viel praktischeren Nutzen. Jedes Frühjahr kam ein neuer Jahrgang auf den Markt. Die Händler, Makler, Käufer und Produzenten standen dann vor der Aufgabe, einen angemessenen Preis für den Wein zu finden. Vom guten Verlauf dieses Prozesses hing die Zukunft der wichtigsten Wirtschaftstätigkeit im größten französischen Département ab. Tausende von Produzenten boten ihre Weine Hunderten von Kaufleuten an, und das ganze System wäre zusammengebrochen, wenn die Käufer jedes Jahr die Preise von null an hätten festlegen müssen. Damit bot die Klassifizierung die Handhabe, um den ganzen Prozess zu beschleunigen.

Die Klassifizierung beruhte auf den Verkaufspreisen über eine längere Zeitspanne hinweg. Sie kürzte Verkaufsverhandlungen ab, weil sie einen Ausgangspunkt bestimmte, von dem aus man sich auf einen angemessenen Endpreis für einen bestimmten Wein einigen konnte. Wenn eine Domäne ihren Wein bisher für den Preis eines Troisième Cru verkauft hatte und andere Weine in dieser Klasse einhundert Francs für die Flasche erlösten, so wussten der Besitzer wie auch der potentielle Kunde, dass ein Preis von rund einhundert Francs angemessen war. Die Verhandlungen konnten also von dieser festen Größe ausgehen.

Es war und ist heute noch üblich, dass Besitzer die Freigabe des neuen Jahrgangs hinauszögern. Sie wollen damit mehr Gewissheit darüber erlangen, ob dieser Ausgangspreis für die Verhandlungen akzeptiert wird oder eher auf Widerstand stößt. Es gibt keine feste zeitliche Festlegung bei der Deklaration der Preise. Das gesamte System ermöglichte es dem Handelsplatz Bordeaux, die Effizienz zu entwickeln, die für das Funktionieren dieses größten Qualitätsweingebietes der Welt wesentlich war.

Auf der Weltausstellung 1855 in Paris wurden Produkte aus allen Regionen Frankreichs und der ganzen Welt ausgestellt. Die Handelskammer von Bordeaux sandte Wein. Die Organisatoren sahen sich allerdings einem schwierigen Problem gegenüber: Sie konnten nur sechs Flaschen eines jeden Weines nach Paris schicken. Diese Menge reichte gerade für die Ausstellung und für eine private Weinprobe von Spezialisten aus. Die normalen Besucher der Ausstellung hatten nicht die Gelegenheit, diese Weine zu probieren und konnten somit kein Gefühl für die unterschiedlichen Qualitäten der Weine aus der Bordeauxregion entwickeln. Die Massen würden nur eine ziemlich langweilige Sammlung von Flaschen in einem Regal zu sehen bekommen. Um die Präsentation etwas interessanter zu gestalten und eine Vorstellung von den Qualitätsunterschieden zu vermitteln, gab man eine Landkarte der Weinregion in Auftrag. Ein Teil dieser Karte sollte aus einer Liste der besten Weine von Bordeaux bestehen, und die Handelskammer bat die Vereinigung der Makler, eine Liste der Weingüter vorzulegen, die aufgenommen werden sollten. Die Makler waren ideal geeignet für diese Aufgabe. Unter den drei Hauptakteuren des Bordelaiser Weinhandels, den Produzenten, den Maklern und den Händlern, besaßen sie als einzige einen umfassenden Überblick. Die Produzenten kannten ihre Weine besser als jeder andere; doch über die Weine der Nachbarn wussten sie weniger Bescheid. Händler kannten aber die Bedingungen nicht so gut, unter denen die von ihnen verkauften Weine entstanden. Nur die Makler kannten sich in den Produktionsbedingungen aus, weil sie das ganze Jahr über immer wieder die Winzer besuchten,

Als Charles de Talleyrand (oben) Besitzer des Châteaus war, hatte der Haut-Brion bereits einen guten Ruf. Allerdings wurde er, wie alle Médoc-Weine, erst im Jahr 1855 anlässlich der ersten Weltausstellung in Paris klassifiziert. Damals empfing Napoleon III. Königin Victoria, wie diese Tapisserie aus der Sammlung Mouton zeigt (darunter).

Sowohl Präsident Jefferson (links) als auch der Weinhändler Lawton (rechts) waren ihrer Zeit voraus. Sie schätzten die Weine aus dem Médoc bereits vor ihrer offiziellen Klassifizierung (gegenüber).

und sie besaßen dank ihrer Kenntnis des Handels auch ein gutes Gespür für die wirtschaftlichen Aussichten eines Weines. So richtete am 5. April 1855 die Handelskammer einen Brief an die Vereinigung der Makler und bat darin um eine Liste »aller klassifizierten roten Gewächse im Département, so genau und so vollständig wie möglich mit der Angabe der Zugehörigkeit zu jeder der fünf Klassen sowie der örtlichen Gemeinde«. Da die Weltausstellung in weniger als einem Monat ihre Tore öffnen sollte, wurde den Maklern eine sehr kurze Frist gestellt.

Die Makler besaßen jedoch alle notwendigen Informationen, um in einer derart kurzen Zeit die Liste der besten Weine zu liefern. Diese Liste wurde zur »Klassifizierung von 1855«, und einhundertfünfzig Jahre danach bleibt sie eine der wichtigsten Dokumente in der Welt des Weines. Die Aufnahme in die Liste hatte nichts damit zu tun, ob das Weingut der Handelskammer Flaschen für die Pariser Weltausstellung überließ. Das System war auf eine Einschätzung mehrerer Jahrgänge gegründet, und nur durch Konstanz erreichten Weingüter ihre Aufnahme in die Klassifizierung. Es gab nur einen einzigen Grund zur Aufnahme in die Klassifizierung von 1855: Die entsprechenden Weingüter verdienten es so. Ihre Überlegenheit ergab sich durch konstante außergewöhnliche Qualität über eine längere Zeitspanne hinweg. Auf diese Weise konnte kein Zweifel bestehen, dass das Gut imstande war, einen großen Wein hervorzubringen. Mit der Zeit gewann diese Liste der Makler eine Autorität und Langlebigkeit, die frühere Versionen vor 1855 bisher nie erreicht hatten. In der zweiten Hälfte des 19. Jahrhunderts galt diese Klassifizierung als allgemein anerkanntes Hilfsmittel zum Einschätzung der Qualität am oberen Ende der Skala. Diese Liste hinderte Händler und Makler trotz ihres Referenzcharakters für Weintrinker aber nicht daran, den Preis für einen bestimmten Domänenwein je nach Jahrgang neu auszuhandeln. Der geniale Zug der Klassifizierung von 1855 bestand darin, dass er den Weinhandel nicht davon abhielt, den angemessenen Preis für einen bestimmten Wein zu finden. Seit der Niederschrift im April 1855 erfuhr die Klassifizierung nur zwei Änderungen, die Aufnahme von Cantemerle in die Cinquièmes Crus am 16. September 1855 und der Aufstieg von Mouton Rothschild in die oberste Klasse im Juni 1973. Die Liste änderte sich also praktisch nicht. Trotzdem blieben die Preise immer mobil und entsprachen nicht immer dieser »offiziellen« Rangfolge von 1855. Trotz allem bleiben die Urteile der Makler von 1855 erstaunlich genau. Niemand würde behaupten, dass ihre Klassifizierung exakt dem heutigen Bild entspricht. Heute spielt diese Klassifizierung ihre wichtigste Rolle in der Werbung, nicht nur für die darin genannten Güter, sondern für die gesamte Region um Bordeaux. Kein anderes Weingebiet besitzt ein ähnliches System der Klassifizierung. Für den Anfänger auf dem Gebiet des Weines dient die Klassifizierung von 1855 weiterhin als verlässliche Richtschnur. Die Bezeichnung »1855 Grand Cru Classé« stellt eine Art Garantie dar. Eine Flasche mit dieser Aufschrift enthält einen qualitativ hochstehenden Wein, den man als Gastgeber gerne seinen Gästen präsentiert. Am einhundertfünfzigsten Jahrestag der Klassifizierung von 1855 kann man sagen, dass die Welt des Weines durch dieses Vermächtnis reicher geworden ist. Die Liste selbst und die darauf verzeichneten Namen bekamen eine Doppelexistenz, die den Geist wie den Körper anspricht: einen mythischen Status, der die Möglichkeit eröffnet, Vollkommenheit in einer unvollkommenen Welt zu erreichen, und der mit den Sinnen wahrnehmbare Ausdruck der Weine selbst, die den Liebhabern auf der ganzen Welt so viel Vergnügen bereiten. M. W.

Chat: de Beychevele	St Julien	P. F. Guestier Sr. C
Le Prieuré	Cantenac +	Ve. Pagès
Marquis de Thermes	Margaux +	Oscar Sollberg

Cinquiemes Crus

Canet	Pauillac	de Pontet
Batailley	"	P. F. Guestier Sr.
Grand Puy	"	Fre: Lacoste aîné
Artigues Arnaud	" +	Duroy
Lynch	" +	Jurine
Lynch Moussas	" +	Vasquez
Dauzac	Labarde +	Wiebrock
Darmailhac	Pauillac +	
Le Tertre	Arsac +	Henry
Haut Bages	Pauillac +	Liberal
Pedesclaux	" +	Pedesclaux
Coutenceau	St Laurent +	Bruno Devez
Camensac	" +	Popp

EIN AUSNAHME-TERROIR

Cornelis van Leeuwen

Die Grands Crus der Klassifikation von 1855 verdanken ihren Adel neben der Leistung der Winzer vor allem der außergewöhnlichen Qualität ihres Terroirs. Der französische Begriff *terroir* hat seine etymologische Wurzel im Wort *terre*, Boden. Als önologischer Begriff meint Terroir jedoch nicht nur den Boden, auf dem der Wein angebaut wird, vielmehr lässt sich Terroir als das ganze Ökosystem definieren, in dem Boden, Klima und Rebe zusammenwirken. Das Terroir ist das Bindeglied zwischen dem Wein als dem Endprodukt und dem Ort, von dem er stammt.

Schon die Römer verbanden bestimmte Weine von hoher Qualität mit deren Herkunft. Im Bordelais existiert diese Herkunftsbezeichnung seit dem Mittelalter, als die Weine unter dem Namen ihrer Gemeinde in den Handel gebracht wurden. In jener Zeit wurden die Weine bestimmter Gemeinden teurer verkauft als die Weine anderer Gemeinden, die für die Qualität ihrer Weine weniger bekannt waren. Ab diesem Zeitpunkt existiert sozusagen eine Hierarchie in der Herkunft von Spitzenweinen. Diese Hierarchie blieb zunächst allerdings reichlich vage, denn sämtliche Weine einer Gemeinde erhielten ein und dieselbe Bewertung. Erst im 17. Jahrhundert taucht das Weingut als Ursprungsbezeichnung auf. Chronologisch gesehen war Haut-Brion der erste Cru, der ausdrücklich unter dem Namen seines Châteaus in den Handel kam. Damit wurden Terroir und Herkunft der Weine wesentlich präziser definiert, da diese sich auf wenige Dutzend Hektar Anbaufläche beschränkten statt wie vorher auf ein Gemeindegebiet von Tausenden von Hektar. Der englische Markt spielte dabei eine nicht unwichtige Rolle, da die Engländer auf wiedererkennbare Weine höchster Qualität Wert legten, für die sie auch entsprechend zu zahlen bereit waren.

Dass wir einen Begriff davon haben, wie sehr man sich zu dieser Zeit bereits der Bedeutung des Terroirs für die Qualität des Weines bewusst war, ist John Locke zu verdanken, der im Jahre 1677 die Region besuchte. Fast könnte man seine Reise als Pilgerfahrt bezeichnen, denn der berühmte Philosoph war von den Haut-Brion-Weinen, die er in London getrunken hatte, dermaßen beeindruckt, dass er mehr darüber erfahren wollte und eine Reise zu dieser Domäne unternahm. Vor Ort erklärte man ihm, dass dieser Wein seine hohe Qualität dem Vorhandensein von mageren Böden und guten Hängen verdanke, was die natürliche Umgebung beträfe, und dass es sich hinsichtlich der Weinbergpflege um alte Rebstöcke handle, die eine geringe Düngung erhielten. Die Faktoren, die man heute als ausschlaggebend für die Qualität des Weines betrachtet, waren also schon vor über drei Jahrhunderten bekannt.

John Lockes Reise illustriert auch die außergewöhnliche Rückverfolgbarkeit der großen Terroir-Weine wie die Crus der Klassifikation von 1855. Im Gegensatz zu einem aus Weinen verschiedener Herkunft gemischten Markenwein stammt ein Terroir-Wein immer von derselben Domäne. Diese Herkunft verleiht ihm

Die »Bordelaiser Brühe«, ein von David und Millardet in Dauzac entwickeltes Pflanzenschutzmittel, kann durchaus fotogen sein, wie man hier an den Reben von Pontet-Canet sieht.

nicht nur seine Qualität und wesentlichen Merkmale, sie ermöglicht überdies dem Konsumenten eines Cru Classé, direkt den Ort seiner Herkunft, den Boden und die Rebstöcke zu besichtigen, die diesen von ihm so geschätzten Wein hervorgebracht und die Menschen kennen zu lernen, die ihn produziert haben.

Die Entwicklung der Reben und die Reifung der Trauben hängen sehr stark von klimatischen Bedingungen wie Temperatur, Niederschlag, Sonneneinstrahlung, Luftfeuchtigkeit und Wind ab. Unheilvolle klimatische Wettereinbrüche wie Hagel oder Frühjahrsfröste bedeuten ausserdem für die Reben eine Bedrohung, da sie die Ernte eines ganzen Jahres innerhalb von wenigen Stunden vernichten können. Qualität und Besonderheit eines an einem bestimmten Ort produzierten Weines sind größtenteils das Ergebnis der klimatischen Bedingungen. Insofern beinhaltet der Begriff Terroir ganz wesentlich auch das Klima. Damit seine Trauben unter guten Bedingungen reifen können, benötigt der Rebstock Licht und Wärme. Extrem heiße Temperaturen sind allerdings nicht wünschenswert; sie begünstigen zwar durchaus einen starken Anstieg des Zuckergehalts und insofern die Produktion von alkoholreichen Weinen, der Entfaltung der Aromen in den Trauben hingegen sind sie weit weniger zuträglich. Die bekannten Önologen Ribéreau-Gayon und Peynaud sagen, dass »eine zu schnelle (durch zu warmes Wetter hervorgerufene) Reifung zur Folge hat, dass die Essenzen verbrennen, die die Finesse der großen Weine ausmachen«. Mit anderen Worten: Die besten Weine werden in Regionen produziert, wo die Temperaturen mild und doch so warm sind, dass sie eine gleichmäßige Reifung der Trauben garantieren. Bei einer durchschnittlichen Jahrestemperatur von dreizehn Grad Celsius und durchschnittlich zwanzig Grad Celsius im Juli und August erfüllt das Klima des Médoc diese thermischen Bedürfnisse der Rebe in idealer Weise.

Der Rebstock passt sich ganz unterschiedlichen Niederschlagsmengen an. Er übersteht extreme Trockenperioden und lässt sich ohne Bewässerung in Regionen mit nur vierhundert Millimeter jährlicher Niederschlagsmenge anbauen, vorausgesetzt die Böden speichern das Wasser gut. Auch in einem Klima, in dem die jährliche Regenmenge mehr als tausend Millimeter beträgt, kann die Rebe zurecht kommen. Unter diesen Bedingungen wird allerdings das Wachstum der Rebe zum Nachteil der Güte der Trauben begünstigt, und auch die Pilzkrankheiten werden schlechter beherrschbar. Im Médoc liegt die Niederschlagsmenge mit durchschnittlich achthundertfünfzig Millimeter pro Jahr leicht über der Menge, die hinsichtlich der größtmöglichen Konzentration für die Trauben wünschenswert ist. Wie wir noch sehen werden, wird diese leichte Überschreitung der Niederschlagsmenge durch die Durchlässigkeit der Böden und ihre geringe Fähigkeit, Wasser zu speichern, wieder wettgemacht. Das Médoc wird selten von Hagelgewittern heimgesucht, was wahrscheinlich an seiner Topografie mit wenigen Erhebungen liegt. Die große, vom Atlantik und der Gironde gebildete Wassermasse verringert Temperaturschwankungen. Dieses Regulativ ist besonders hoch zu schätzen, weil es die schädlichen Auswirkungen der Frühjahrsfröste in Grenzen hält. So blieben im Jahre 1991, das im Bordelais wegen einer entsetzlichen Frostnacht vom 20. auf den 21. April in schlechter Erinnerung ist, die an der Gironde gelegenen Crus Classés wie Château Latour weitgehend verschont. Sie brachten innerhalb dieses Jahrgangs Weine von erstaunlicher Qualität hervor.

Das Bordelais ist bekannt für erhebliche Klimaschwankungen von einem Jahr zum anderen. Das bringt je nach Jahrgang eine Vielzahl von unterschiedlichen Qualitäten und Prägungen der Weine mit sich, was man den »Jahrgangs-Effekt« nennt. So ist der Wein regelrecht ein klimatisches Tagebuch eines jeden Jahres. Dank des Weines erinnert man sich, dass das Wetter in den Jahren 1945 und 1947, zwei großen Jahrgängen, sonnig und heiß war, während es 1963 und 1965 häufig regnete und die meisten Winzer diesen verdünnten Wein von miserabler Qualität kaum unter ihrem Cru-Namen zu verkaufen wagten. Neben seiner

Eine Landzunge in der Gironde
zwischen Île Verte und Île Nouvelle.

Bedeutung für die Qualität des Weines gestattet die Jahrgangsbezeichnung auch die Produktion eines Weines, der innerhalb des gleichen Cru in jedem Jahr verschieden ist und doch den Stil der Domäne bewahrt. So läßt sich in gewisser Hinsicht eine Vorstellung über eine besondere Facette des Weines der jeweiligen Ernte gewinnen. Kühle Jahre wie 1978 und 1988, als die Reifung verlangsamt und die Ernte spät erfolgte, sind günstig für die Feinheiten der aromatischen Ausprägung der Weine. In heißen Jahren wie 1982, 1989, 1990 oder 1995 erhält man kräftige Weine. Da die durchschnittliche Regenhäufigkeit im Bordelais etwas über dem Optimum liegt, nimmt es nicht Wunder, dass durchweg bei allen großen Jahrgängen die Niederschlagsmenge unterhalb der für die Monate Juni bis September üblichen Norm lag.

Auf der ganzen Welt werden mehrere Tausend Rebsorten angebaut. Sie sind das Ergebnis einer Auslese, die Generationen von Weinbauern über Jahrhunderte vorgenommen haben. Jede Rebsorte besitzt ihre charakteristischen morphologischen Eigenheiten, an denen man sie wiedererkennt, eine bestimmte Veranlagung der Traube zu reifen, die eine früh, die andere spät. Nur einige Dutzend Rebsorten gelten als edel genug, um aus ihnen erstklassige Weine herzustellen. Darüber hinaus hängt der Erfolg einer Rebsorte an einem bestimmten geografischen Ort von der Anpassung ihres Reifungsprozesses an die lokalen klimatischen Gegebenheiten ab. Eine frühe Rebsorte wird in einer heißen Gegend die Trauben schnell reifen lassen. Im August geerntete Trauben (oder solche, die in der südlichen Hemisphäre im Februar geerntet werden) werden einen hohen Zuckergehalt haben, doch fehlt ihnen die Frische und das Aromapotential für einen großen Wein. Eine späte Rebsorte aus einer nördlichen Region wird es schwer haben, ihre Trauben ausreifen zu lassen, und ergibt saure, herbe Weine, denen es an Farbe fehlt. Der Erfolg der Crus Classés von 1855 erklärt sich zum großen Teil aus der perfekten Anpassung früher Rebsorten an die klimatischen Bedingungen des Bordelais. Die Trauben erreichen dadurch einen hohen Reifegrad (außer in einem außergewöhnlich kalten Jahr wie 1972), behalten aber dennoch eine lange Reifezeit bei, die der Finesse der Weine zugute kommt. Dieses Zusammenspiel lässt sich andernorts kaum reproduzieren, so dass es nicht genügt, die genau gleichen Rebsorten anzubauen, um vergleichbare Weine zu erhalten.

Für die Crus Classés von 1855 (wie auch die übrigen Bordeaux-Weine) werden Trauben verschiedener Rebsorten vermischt. Diese sogenannte Assemblage erhöht die Komplexität der Weine und ermöglicht durch eine entsprechende Dosierung der einzelnen Sortenanteile im Wein, die Mängel einzelner Jahrgänge zu beheben. Cabernet Sauvignon ist die aristokratischste unter den Rebsorten und bildet meistens das Grundgerüst der Crus Classés von 1855. Bei den Premiers Crus Classés Margaux, Latour, Lafite-Rothschild und Mouton Rothschild beansprucht sie über siebzig Prozent der bepflanzten Anbaufläche. Sie ist eine relativ späte Rebsorte. Um ihr ganzes hochwertiges Potential zum Ausdruck zu bringen, sollte sie nur auf den besten Böden angebaut werden, die ihren Reifeprozess beschleunigen. Ihre Erträge sind eher bescheiden, aber ziemlich gleichmäßig, und ihre Trauben wie auch die Beeren sind klein. Sie besitzt nicht die Fähigkeit, besonders hohe Zuckerkonzentrationen zu erreichen, doch sind die ausgereiften Beeren farbstark und tanninreich. Sie produziert aromatische Weine, mit einem bei den jungen Weinen vorherrschenden Cassis-Aroma. Beim Altern können die Weine eine unvergleichliche Komplexität erreichen, wobei die Aromenpalette Kakao- und Minzenoten enthält.

Die Merlot-Traube ist als Ergänzung des Cabernet Sauvignon bei der Assemblage meist unentbehrlich. Manchmal kann sie wie in Haut-Brion bis zu einem Drittel der Anbaufläche einnehmen, in Ausnahmefällen wie in Palmer kann sie zu gleichen Teilen wie der Cabernet Sauvignon angebaut sein. Ihre zeitigere Reife (etwa zwei Wochen früher) lässt sie selbst in kühlen Jahren gut ausreifen, wenn dies der Cabernet-Sauvignon-Traube nicht gelingt. Der Merlot kann feuchtere und schwere Böden vertragen. Damit er seine ganze Qualität zur Geltung bringt, muss allerdings seine Neigung zur Üppigkeit im Zaum gehalten werden. Die Merlot-Traube ist süß, farbintensiv, mit mildem Tannin. Ihre bei jungen Weinen überwiegend von

Wie im gesamten Médoc werden auch auf den Weinfeldern von Saint-Julien und Pauillac (vorhergehende Doppelseite) vier verschiedene Rebsorten angebaut: in der Hauptsache Cabernet Sauvignon (gegenüber), aber auch Merlot, Petit Verdot und Cabernet Franc (von oben nach unten).

ALIZ MOTTE
ALIZ
MOTTE

roten und schwarzen Früchten dominierten Aromen entwickeln sich im Alterungsprozess zu Noten von kandierten Früchten, Leder und Pelz. Ein Merlotwein entwickelt sich schneller als ein Cabernet Sauvignon.

Die von der Anbaufläche her dritte im Bordelais angebaute rote Rebsorte, der Cabernet franc, fühlt sich, aus noch wenig geklärten Gründen, eher in der Region des Libournais wohl als im Médoc. Der Zeitpunkt seiner Reife liegt zwischen dem der Merlot- und dem der Cabernet-Sauvignon-Traube. Obwohl er ein großes Potential an Finesse besitzt, wird ihm zuweilen seine Leichtigkeit vorgeworfen. Dennoch werden bei einigen Crus Classés vorzügliche Cabernet francs erzielt, wenn sie auf sehr guten Böden mit besonders altem Rebbestand wachsen. Für einige Jahrgänge kann die Sorte Petit Verdot von gewisser Bedeutung sein, wenngleich sie nur in geringem Maße angebaut wird. Sie reift spät, ein Grund, weshalb ihr Wein nicht jedes Jahr ein Erfolg wird. Im Hinblick auf die allgemeine Klimaerwärmung ist allerdings zu erwarten, dass sie im Laufe der kommenden Jahre vermehrt angebaut wird. Petit Verdot ist im Anbau schwierig und anspruchsvoll. Sie benötigt Bedingungen, die ihr eine frühe Reife ermöglichen und gleichzeitig eine mäßige Wasserzufuhr, die sie nicht allzu sehr belasten darf. In einem erfolgreichen Jahr ergibt diese Rebsorte einen sehr runden Wein und könnte fast alleine ausgebaut werden.

Neben Klima und Rebsorte gehört als dritter Faktor der Bodentyp zum Begriff des Terroir. Die Rebe holt sich aus dem Boden die von ihr benötigte Menge an Wasser und Mineralstoffen. Die Böden bieten in ihrer Beschaffenheit, ihrem Reichtum an Kiessand, dem hohen Anteil an Mineralstoffen, dem Wassergehalt sowie ihrer Tiefe eine außerordentliche Vielfalt. Um mit Professor Seguin von der Önologischen Fakultät der Universität Bordeaux, einem Vorreiter in der Erforschung von Terroirs, zu sprechen: Kein Bodentyp besitzt das Privileg höchster Qualität. Tatsächlich lassen sich Spitzenweine nicht auf einem einzigen Bodentyp produzieren. Dennoch erscheinen gewisse Kriterien für einen Boden unverzichtbar, um hochwertige Trauben zu gewinnen. Die mineralische Fruchtbarkeit wechselt erheblich von einem Boden zum anderen. Außerdem wird dieser Faktor von der Düngepraxis des Weinbauern beeinflusst. Generell sind gute Anbauböden für Reben eher mäßig fruchtbar. In den Weinbergen des Médoc ist die Fruchtbarkeit des Bodens sehr häufig durch einen hohen Anteil an Kiessand und kieselhaltigen Steinen (die im Bordelais *graves* genannt werden) eingeschränkt. Bislang hat keine Studie belegt, dass das eine oder andere chemische Element einen direkten Einfluss auf die Qualität des Weines hat.

Außer von der Niederschlagsmenge hängt die Versorgung des Weinbergs mit Wasser auch von der Fähigkeit des Bodens ab, das Wasser zu speichern. Dieser Faktor ist entscheidend für die Weinqualität. Das beste Resultat wird erzielt, wenn die Reben im Laufe des Sommers kaum noch mit Wasser versorgt werden. Das bremst die Zweige in ihrem Wachstum, und die Beeren werden nicht allzu groß. Diese Voraussetzungen sind eine notwendige Bedingung dafür, dass sich Trauben mit starker Konzentrierung bilden. Allzu großer Wassermangel kann jedoch der Qualität der Traube abträglich sein, da hierdurch die Reifung behindert wird. Im Bordelais kommt es allerdings äußerst selten dazu und wenn, so betrifft dies in sehr trockenen Sommern überwiegend sehr junge, noch nicht ausreichend tief wurzelnde Reben.

Um im relativ regenreichen Klima des Bordelais eine der Qualität zuträgliche, nur begrenzte Versorgung mit Wasser zu erreichen, braucht man Böden mit relativ hoher Durchlässigkeit. Die besten Böden des Médoc erfüllen diese Bedingungen voll und ganz, vor allem wegen ihres hohen Anteils an Kiessand. Da hier das Wasser gut ablaufen kann, erwärmen sich diese Böden im Frühjahr schnell, was der Reifung der Trauben zugute kommt. Diese Gegebenheiten sind wichtig, um die Reifung einer späten Rebsorte wie der Cabernet Sauvignon regelmäßig zu gewährleisten. Bei allen Crus Classés findet man Kiesböden. Diese Böden sind

Die sanften Farben des malerischen Hafens von Pauillac spiegeln die ganze Magie des Bordelais wider.

Der Weinberg zur Zeit des Rebschnitts (oben) und Morgentau auf den Rebzeilen (gegenüber): zwei Impressionen für den Weinliebhaber.

warm und beschleunigen daher die Reifung der Traube. Sie halten das Wasser nur schwach zurück und regulieren damit gut den Wasserhaushalt, was sich günstig auf die Qualität auswirkt. Die auf diesem Bodentyp produzierten Weine sind tanninhaltig und lange lagerfähig. Sie können eine außergewöhnliche Finesse erreichen, insbesondere wenn sie auf der Basis von Cabernet Sauvignon ausgebaut sind. Einige der berühmtesten Crus der Klassifizierung von 1855, etwa der Latour, besitzen auf einigen Parzellen Böden mit einem sehr hohen Tonanteil im Unterboden. Die besten dieser Weine entstammen häufig solchen Parzellen, wenngleich man im Médoc nur von wenigen solchen Böden weiß. Auf ihnen wird die Wasserversorgung der Reben besonders gut reguliert. Böden dieser Art bringen kräftige Weine mit mildem Tanningehalt hervor. Sie eignen sich gut für die vier bedeutendsten Rebsorten. Tonhaltige Kalkböden sind hauptsächlich in der Appellation Margaux, in der Gemeinde Saint-Estèphe und in Haut-Brion anzutreffen. Es sind ausgezeichnete Rebenböden, doch lassen sie wegen ihrer geringeren Wasserdurchlässigkeit die Trauben auch weniger früh reifen als die Kiessandböden. Aus diesem Grund eignen sie sich besonders für den Merlot. Aus dieser Rebsorte werden dort kräftige Weine mit einem recht hohen Alkoholgehalt produziert, die eine gute Ergänzung für die innerhalb einer Assemblage auf Kiesböden gezogenen Weine sind.

Häufig enthalten die Crus Classés von 1855 Anteile von Lagen mit sandhaltigen Böden oder Kiessandböden. Diese befinden sich entweder an den tieferliegenden Stellen kieshaltiger Abhänge oder an der westlichen Flanke des Weinbergs, wo der Boden sehr nährstoffreich sein kann. Auf diesen Lagen neigen die Reben dazu, sich sehr kräftig und ertragreich zu entwickeln. Vorausgesetzt, man setzt diesem üppigen Wachstum Grenzen, indem man sparsam düngt und zwischen den Rebzeilen als Konkurrenz für die Reben Gras aussät, bringen diese Böden gute Weine hervor, vor allem Merlot. Diese Weine sind in ihrer Jugend außerordentlich fruchtig. Da sie sich sehr schnell entwickeln, eignen sie sich ideal zur Assemblage in Zweitweinen. So besitzt jeder Boden im Médoc seine Eigenheiten. Die Anbaufläche der Crus Classés von 1855 umfasst stets mehrere Bodentypen.

Nach der Ernte werden die Trauben jeder Parzelle in einem eigenen Gärbottich vinifiziert. Aus jedem Bottich kann sich so ein Wein mit unterschiedlicher Persönlichkeit entwickeln. Bei der Assemblage prüfen Kellermeister und Önologe die Komplementarität der einzelnen Anteile, um den bestmöglichen Wein zu kreieren, der zwangsläufig viel komplexer ist als jeder Anteil für sich allein. Der Rest wird zumeist für einen Zweitwein verwendet, der für Einsteiger eine erschwingliche Einführung in den Cru Classé bieten kann. Die Komposition der Assemblage für einen berühmten Wein ist in keinem Jahr die gleiche, denn die einzelnen Lagen verhalten sich je nach den klimatischen Bedingungen eines Jahrgangs verschieden. Unter diesem Gesichtspunkt sind die unterschiedlich strukturierten Böden und die Größe der Domäne ein wesentlicher Vorzug der Crus Classés von 1855. Im önologischen Verständnis umfasst Terroir Bodentyp, Klima und Rebsorte; seinen Wert erhält es durch die menschliche Arbeit. Auch anderswo in der Welt finden sich ähnliche klimatische Bedingungen wie im Bordelais, und man kann dort ebenfalls Böden mit denselben Eigenschaften vorfinden. Heute wird der Cabernet Sauvignon, der seinen Ruf den berühmten Châteaus der Klassifikation von 1855 verdankt, überall angebaut. Doch bei den Grands Crus Classés von 1855 ist die außerordentliche Synergie von Boden, Rebsorte und Klima einzigartig. Die Reifungsdauer des Cabernet Sauvignon ist dem Klima des Bordelais angepasst, wo die warmen Böden eine beschleunigte Reifung bewirken. Die moderate Wasserversorgung der Reben, von der wiederum Komplexität und Qualität der Trauben abhängen, ist den wasserdurchlässigen Böden zu verdanken, die die Auswirkungen allzu heftiger Niederschläge eindämmen. Doch das Terroir wäre nichts ohne den Menschen und seine Rolle als Leiter des Orchesters. Er allein hat diese von der Natur eher stiefmütterlich bedachte Halbinsel berühmt und beneidet werden lassen, die ansonsten durch nichts für eine große landwirtschaftliche Zukunft prädestiniert erschien. H. G.

PORTRÄT MIT CHÂTEAUS

Franck Ferrand

Steuert man das Médoc von Bordeaux kommend an, so ähnelt es dem Finistère: Es ist eine Art Halbinsel, an deren Ende man jenseits der trichterförmigen Flussmündung »noch gerade eben Frankreich erblickt«, wie die Weinbauern dort zu sagen pflegen. Der Dunst, der über der Gironde schwebt – die hier schlicht *la rivière*, der Fluss, genannt wird –, die Fischernetze, die ihre Ufer in regelmäßigen Abständen säumen, die Jungaale, die sie bevölkern, die Täubchen, die man dort in der Saison genießt, die flachen Erhebungen, die eine eher eintönige Landschaft etwas konturieren, und die Rebflächen allüberall, die auch die geringste Bodenerhebung erfassen, all diese zwar reizvollen, aber wenig aufregenden charakteristischen Merkmale könnten manchen Besucher in seinen Erwartungen enttäuschen – wären da nicht die Châteaus!

Man stelle sich Fantasiebauten vor, die in der Realität mehr oder weniger schön gelungen sind – manchmal sind sie es ja wirklich – und die von Riesenhand über diese immens große Rebfläche zu dem einzigen Zweck gestreut wurden, die Gunst der großen Handelshäuser auf sich zu lenken. Einige sind aus alten Kartausen hervorgegangen; andere sind reine Schaufenster, regelrechte Etiketten-Schlösschen. Dahinter oder dicht daneben erstrecken sich die beeindruckenden Aneinanderreihungen jener Gebäude die man häufig allzu verallgemeinernd als *chais*, Kellergebäude, bezeichnet. Man könnte meinen, diese seien vor allem funktional; in Wirklichkeit wurden jedoch die meisten von ihnen ebenso wie die Schlösser, zu deren Ensemble sie gehören, zunächst zu Repräsentationszwecken erbaut. Installationen wie beispielsweise die von Château Margaux machen daraus ein großes Weinspektakel mit entsprechender Inszenierung, perspektivischen Effekten und angemessener Illuminierung. Manche Gärkeller wollen den Besucher von vornherein beeindrucken und präsentieren sich wie in Pichon-Longueville als Rotunde oder wie in Château La Lagune halbkreisförmig. Auch andernorts zeugen zahllose Anlagen für den Einfallsreichtum ihrer Entwerfer. Weltweit berühmt ist Ricardo Boffils Bau in Lafite-Rothschild; bemerkenswert ist unter anderem auch das »Barrique-Meer« von Château Talbot oder der beeindruckende stufenförmige Bau von La Tour Carnet.

Auf diese Weise entstand ein wahrhaftiges Kulturgut zu Ehren der großen Bordeauxweine. In Ermangelung besonders attraktiver Dörfer oder außergewöhnlicher Baudenkmäler auf dieser Uferseite sind die Châteaus für das Médoc weit mehr als nur Schmuckstücke. Der mit ihren mythischen Namen verbundene Glanz lässt sie zu Hauptdarstellern der lokalen Kultur werden, ja zum Inbegriff eines Lebensstils! In den Reiseführern rangieren sie an erster Stelle und haben sich besondere Hinweisschilder und Wegweiser zugelegt, eigens um den Touristen den Wein-Parcours zu weisen. In einer Zeit, in der die Qualitätsweine unter der doppelten Offensive von eiligen Verbrauchern und gewissenlosen Spekulanten zu leiden haben, bedeutet es eine Investition in die Zukunft, dem Publikum die Feinheiten dieser Tropfen nahezubringen.

Daher die freudige Überraschung: Diejenigen, in deren Hand sich dieses Rebland befindet, lassen sich nicht lange darum bitten, dessen Schönheit zu preisen. Einige Personen aus jüngster Vergangenheit wurden im übrigen schon zu Lebzeiten legendär, so etwa Alexis Lichine oder Baron Philippe de Rothschild. Andere setzen die von diesen Pionieren begonnene Werbung zu Gunsten des gesamten Weinbaugebiets fort; man

Blick durch ein Fenster in Lascombes:
In den meisten Châteaus der Region geht es gemütlich zu.

denke etwa an Jean-Michel Cazes von Lynch-Bages oder May-Eliane de Lencquesaing von Pichon-Longueville Comtesse de Lalande. »Aushängeschilder« wie sie werden gern von zahllosen Domänenverwaltern, Direktoren und Kellermeistern abgelöst, von Leuten mit Sachverstand, die in wenigen Jahren vom Status eines leitenden Angestellten zu Chefs oder Gleichgestellten aufgestiegen und nach und nach in die eingeschworene Gemeinschaft der Winzer aufgenommen worden sind. Auf diese Weise gestaltet sich die kleine Welt des Médoc immer farbiger. Nachkommen alteingesessener Familien mischen sich mit jungen, frisch examinierten Handlungsbevollmächtigten, alte besserwisserische Winzer mit jungen, vielversprechenden Leuten, Mystiker des Terroirs mit Künstlern der Vinifikation.

Die meisten von ihnen sind heutzutage zumindest zweisprachig; und sie zeigen sich, wie schon immer in dieser Region, aufgeschlossen für Einflüsse von außerhalb. Selbstverständlich bleibt der einheimische Markt mit seinen Kunden das wesentliche Standbein der Grands Crus. Und unter den übrigen Liebhaberländern liegen über drei Viertel in Europa. Gleichwohl wirkt sich die kosmopolitische Tradition, die sich hier, mehr als auf der rechten Uferseite, seit Jahrhunderten entwickelt hat, auf die Châteaus des Médoc günstig aus – und dies nicht nur für diejenigen, die vom »Sesam-öffne-dich« Margaux profitieren. In dieser Gegend kann man durchaus zwischen den Rebenreihen Fahnen verschiedener Nationen wehen sehen: Die dänischen Farben flattern auf Kirwan, und die österreichischen grüßen an der Einfahrt zu Batailley.

Dennoch würde weder die Persönlichkeit ihrer Besitzer noch deren Weltoffenheit ausreichen, um den Erfolg dieser fünf Dutzend Châteaus zu erklären. Es ist die Klassifizierung von 1855, die den Grands Crus ihr Mehr an Seele schenkt. Gewiss, die Geschichte durchlief in den vergangenen anderthalb Jahrhunderten seit der Klassifizierung das unvermeidliche Auf und Ab von glücklichen und unglücklichen Zeiten. Und man musste auf die legendäre Neubelebung in den 1980er Jahren warten, die dem Pioniergeist des amerikanischen Kritikers Robert Parker und seinen Epigonen zu verdanken ist, um zu erleben, wie unsere sechzig Châteaus alle mehr oder weniger rasch an den Wohlstand, die Qualität und – in den besten Fällen – wieder an den früheren Ruhm anknüpften. Magie des tugendhaften Zirkels, der aufsteigenden Spirale. Zu den großen önologischen Pendelausschlägen, die in regelmäßigen Abständen die Jahrgänge dieses Weingebiets prägen, gehört die Kontroverse darüber, was entscheidender ist: das Naturgegebene oder das Erworbene, die Güte des Terroirs oder die Arbeit des Kellermeisters, die Pflege des Weinbergs oder der Ausbau des Weines. Die gegenwärtige Tendenz geht ganz im Trend des generellen Zeitgeists dahin, das Naturgegebene für vorrangig anzusehen. Alle großen Winzer halten augenblicklich das Terroir wieder für das Wichtigste und lassen ihm sorgfältigste Pflege angedeihen, die sogar so weit geht, dass sie dafür über drei Viertel ihres verfügbaren Personals einsetzen. In der jetzigen Zeit erst hat man begriffen, dass die Einzigartigkeit der großen Crus schon immer vor allem einem einzigartigen Boden zu verdanken war und dass darin ein Vorteil lag, der sie zwangsläufig gegen jegliche Konkurrenz gefeit machte.

Was können die Produzenten demnach wohl Besseres tun als die Quintessenz aus diesem Terroir zu ziehen? Die geheimnisvollen, darin verborgenen Tugenden entfalten sich frei im Wein. Sie entfalten sich darin in weit größerem Maße, seit man gelernt hat, die Partitur zu respektieren und allenfalls noch die Interpretation zu modulieren. Wobei im übrigen auch kein Versuch unternommen wird, saisonbedingte unliebsame Überraschungen oder Unsicherheiten bezüglich der Reifedauer oder des Wetters abzumildern.

Im Gegensatz zu zahllosen anderen guten Weinen unterscheiden sich diese durch den Jahrgang und nicht durch die Rebsorte. Wie viele Regengüsse, wie viele Windböen, wie viel drückende Hitze unter bleierner Sonne stecken nicht, gleichsam kondensiert, in diesen Flaschen? Der Weinexperte Jacques Perrin hat dies hübsch beschrieben: »Abgesehen von der Freude, die uns diese Weine bereiten, wenn sie ihr ideales Alter erreicht haben, führen sie uns als fantastische Zeitmaschinen in die Vergangenheit.« Früher sagte man, dass der Wein im Dezember in Bordeaux nur gut sei, wenn der August in London schön war; heute ist dies nicht

Von den Türmen Cos d'Estournels (unten) bis zur Einrichtung eines Salons im Château du Tertre (gegenüber): Überall zeigt sich die außerordentliche Schönheit der Schlösser.

mehr ganz so einfach. Dank heutigem Knowhow ist man in der Lage, bestimmten Defiziten der Natur bis zu einem gewissen Punkt abzuhelfen. Doch sollte man von diesem Knowhow nicht zu viel verlangen.

Wann immer ich diese passionierten Menschen bei ihrer Arbeit beobachtete, war ich hell begeistert, wie viel Mühe sie sich machten, um die empfindliche Frucht ihrer Böden zu schützen. Da ist nichts Gewaltsames in ihren Handgriffen, nichts Forciertes, Erzwingendes, Mechanisches. Die Hand des Menschen begleitet die Traube ganz behutsam. Die Menschen des Médoc sind wie Hebammen, die darauf achten, das Geburtstrauma, das Hineinfallen in den Gärtrog oder den Schock des Fasses zu mildern... Erinnerung und Demut sind hier vor allem gefordert. Erinnerung vor allem deshalb, weil all das, was in dieser Weinbauregion früher einmal war, nur dann etwas wert ist, wenn man es als ein Vehikel ansieht. Man darf nicht vergessen, dass eine große Tradition immer aus der Erinnerung an eine Folge kleiner, längst überwundener Revolutionen besteht.

In der Mitte des 20. Jahrhunderts waren dies die Mechanisierung der Arbeiten auf den Rebflächen und die Ablösung der Pferde durch Traktoren, dann die Einführung von Gärbottichen aus rostfreiem Stahl (ab 1961 in Haut-Brion), der Beginn von wissenschaftlichen Studien über die genetischen Familien der Traube, noch bevor ausführliche Boden- und Unterbodenuntersuchungen vorgenommen wurden wie in Palmer oder Durfort-Vivens, und schließlich, als eine der jüngsten Neuerungen, die Kontrolle der Phenol-Reife.

Was für eine epochenumspannende Saga stellt doch die Geschichte all dieser Schlösser dar! Ein schöner historischer Roman, *Le Vin de la Liberté* (Der Wein der Freiheit), beschreibt unter diesem Aspekt das Schicksal von Cos d'Estournel von der französischen Revolution bis in die Anfangsjahre des 20. Jahrhunderts. Abgesehen von den Veränderungen in Sitten und Gebräuchen lässt sich deutlich mitverfolgen, welche elementare Beziehung die Menschen dort zu dem Wein haben, der von ihrem Grund und Boden stammt. Genau diese Beziehung ist es, die ihnen eine Überlegenheit allen Trends gegenüber verleiht. Es fällt einem kaum eine menschenfreundlichere Tätigkeit ein, keine Aufgabe, die dem Wohle der Menschheit mehr diente, als die der Weinbereitung – es sei denn die, welche darin besteht, ihn zu trinken. Die meisten Winzer, denen ich begegnet bin, sind sich durchaus bewußt, dass sie vor allem im Hinblick auf ein gemeinsames freundschaftliches Vergnügen tätig sind: den Korken zu ziehen und gemeinsam den Nektar zu teilen. »Der Wein ist besser als jede Kunst«, äußerte einmal einer meiner Gäste, »er ist zum gemeinsamen Teilen bestimmt. Das gehört zu den schönen Dingen im Leben.«

Und so bin ich am Ende meiner Gedankenreise auf dem Gebiet der Philosophie angekommen. Bei den Grenzen der Moral! Die Prüfungsaufgabe, die all jenen gestellt wird, die einen großen Wein kreieren, ähnelt insofern einem Weisheitstest. Das ist nur natürlich. Ist nicht in punkto Vinifizierung alles eine Frage des richtigen Maßes, genau wie in anderen Disziplinen? Man muss im geeigneten Moment mit dem richtigen Augenmaß handeln; und schon allein die Wahl zwischen Handeln und Nichthandeln kann sich als entscheidend erweisen. Angefangen bei der Entscheidung zu ernten oder der, die Fermentierungen zu unterbrechen, bis hin zur endgültigen Entscheidung bei einer Assemblage, sind dies alles folgenschwere Handlungen, die voraussetzen, dass man die Umwelt ebenso gründlich kennt wie sich selbst.

Ich verstehe jetzt besser, was es mit diesem Wettstreit um Spitzenleistungen auf sich hat, der allenthalben im Médoc sämtliche Produzenten von Grands Crus erfasst zu haben scheint: Wenn er dazu führt, dass die Beteiligten nach immer größerer Perfektion suchen, habe ich nichts dagegen, dass sie versuchen, sich darin gegenseitig zu überbieten. Letztendlich ist die angestrebte Position nicht die Spitze der Pyramide, sondern eher deren Mitte. Den Glanz der großen Bordeauxweine sucht man nicht in einer x-beliebigen Extravaganz, sondern in ihrer Harmonie. Einer zurückhaltenden Harmonie. Eben klassisch.

Es ist schon so: Das Resultat, für das so viele Anstrengungen unternommen werden, soll insgesamt nicht so sehr spektakulär als eben perfekt ausgewogen sein. Am Ende sublimiert es sich im Ideal eines unwahrscheinlichen Getränks, der Frucht von Fülle und Transzendenz. H. G.

1

Château Lafite-Rothschild

Château Latour

Château Margaux

Château Mouton Rothschild

Château Haut-Brion

CHÂTEAU
LAFITE-ROTHSCHILD

Pauillac

Mancher glänzt an zweiter Stelle, dessen Licht an der ersten erlischt«, schrieb Voltaire einmal mit der ihm eigenen Besonnenheit. Er meinte damit, dass der erste Platz demjenigen, der sich darauf behaupten will, besondere Qualitäten abverlangt und dass derjenige, der sich dort hinwagt, größeren Gefahren ausgeliefert ist – was der englische Komiker Saki später zutreffend in dem leicht zynischen Satz zusammenfasste: »Der größte Löwe gebührt immer dem ersten Christen.« In den Gefilden des Médoc tragen die Löwen die höchst gesitteten Züge von Kritikern, Experten und Önologen jeder Art, man sollte ihnen aber lieber nicht allzu sehr trauen.

Seit der Bekanntgabe der hochheiligen Klassifizierung hat Lafite also ununterbrochen eine erstklassige, aber schwierige Position inne. Lafite, ein Name, der weltweit zum Träumen verführt – gut, dass er in allen Sprachen leicht auszusprechen ist. Lafite, ein so sagenhafter Name für ein derart traumhaftes Weingut, dass man nicht einmal von ihm zu träumen wagt. Liegt es nicht auf den schönsten Hügelrücken von Pauillac? Man stelle sich nur einige nahezu ideale Hügel aus feinem, tiefem Kiesboden vor. Der Grand Vin, der auf diesem gottgesegneten Land gedeiht, gilt in der kodifizierten Welt der Liebhaber als absoluter Maßstab: starkes Bukett, rubinrotes Kleid, üppiger Körper, die gleichwohl den zarten Hauch von Mandel- und Veilchenaroma nicht erdrücken.

In den gut dreihundert Jahren seines Bestehens gehörte Lafite tatsächlich nur zwei Familien: den Ségurs und den Rothschilds. Das – notgedrungen etwas chaotische – Bindeglied zwischen ihnen entstammte einem Geschlecht einzigartiger Verwalter: den Goudals. Drei Dynastien also für diesen Ersten aller 1855 klassifizierten Grands Crus.

Ehre, wem Ehre gebührt: Selbstverständlich hat sich der berühmte Nicolas-Alexandre de Ségur um die Qualität und das Ansehen des göttlichen Getränks verdient gemacht. Aber auch die Wechselfälle der Geschichte haben das Ihre dazu beigetragen. So verdient auch jener Arzt aus dem Bordelais unter den Wohltätern des Hauses seinen Platz, der 1755 dem Marschall von Richelieu, dem neuen Gouverneur von Guyenne, eine Lafite-Kur verordnete. »Exzellenz«, soll Ludwig XV. zu seinem ersten Edelmann nach dessen Rückkehr nach Versailles gesagt haben, »ich bin

Der Geist der Rothschilds
prägt seit mehr als einem Jahrhundert die Räume des Château Lafite.

geneigt zu glauben, dass Ihr seit Eurer Abreise nach Guyenne fünfundzwanzig Jahre jünger geworden seid.« »Sire«, soll der gute Hofmann geantwortet haben, »ich will Eurer Majestät nicht lange verschweigen, dass ich dort einen Jungbrunnen entdeckt habe, ein wohlschmeckendes, feuriges Stärkungsmittel, das dem Ambrosia der Götter des Olymps vergleichbar ist.« Damit war der Grand Vin Lafite lanciert und erlebte sein erstes goldenes Zeitalter: Von nun an wurde er an der königlichen Tafel und nicht wenigen anderen kredenzt, und der »Prinz der Reben« konnte sich »königlicher Weinlieferant« nennen.

Erst sehr viel später trat Lafite in die Umlaufbahn der Rothschilds ein, genauer gesagt erst nach der Klassifizierung im Sommer 1868. Und nach dem schnellen Tod von Baron James im Herbst darauf teilten sich drei Brüder den Besitz: Alphonse, Gustave und Edmond. Die folgenden Jahre, in denen Rekordpreise für eine ganze Reihe von außergewöhnlichen Jahrgängen erzielt wurden, bedeuteten das zweite goldene Zeitalter. Es gelang der erlauchten Familie, in den großen Jahren das Beste herauszuholen und in den durchschnittlichen die Schäden so gering wie möglich zu halten, besonders während der schlimmen Mehltau- und Reblausepidemien, die sämtliche Weinberge am Ende des 19. Jahrhunderts befielen. Wirkte in der Folge der Erste Weltkrieg nur wie eine zusätzliche Beeinträchtigung für ein Weingut, das vieler Arbeitskräfte bedurfte, so hätte der folgende Krieg ihm fast den Todesstoß versetzt. Die Domäne wurde besetzt, beschlagnahmt und unter öffentliche Verwaltung gestellt. Als die Familie Rothschild es 1945 zurückerhielt, befand es sich in einem desolaten Zustand. Der junge Baron Elie wurde mit dem Wiederaufbau betraut. Dem umtriebigen neuen Bauherrn und Grün-

Ricardo Boffil hat einen wahren »Weintempel« geschaffen. In einem gewaltigen Rundbau stehen schimmernde Barriquefässer.

dungsmitglied der Commanderie du Bontemps du Médoc gelang es, sowohl das Land als auch die Gebäude wieder instand zu setzen, zu einer nahezu unvergleichlichen Qualität zurückzufinden und zudem mit einer beispielhaften Handelspolitik einen Markt mit immer größerer Konkurrenz zurückzuerobern.

1974 übernahm Elie de Rothschilds Neffe Eric die Geschicke des endgültig aus der Krise herausgeführten Hauses. Der neue Hausherr respektiert die Tradition, er weiß, was sein Grand Vin den Tugenden des Rothschild-Geistes verdankt, der dem alten Erbe seinen Glanz verleiht, mit seinen Kelterhäusern, die wie englische Pferdeställe aussehen, und den tiefen, dunklen Kellern, die die bezaubernde Resonanz von uralten Katakomben haben. Gleichzeitig verzichtet er im Weinberg und im Keller auf nichts, was die technische Qualität des Lafite gewährleistet. So werden durch Arbeit und mit Fantasie die Bedingungen für ein drittes goldenes Zeitalter geschaffen – noch prächtiger vielleicht als die beiden vorhergehenden.

Eric de Rothschild, »Winzer aus Leidenschaft und Bankier aus Pflichtgefühl«, gehört zu den Ästheten, die vor allem »in Bezug auf Oberflächlichkeit keinen Spaß verstehen«. Dem kleinsten Detail schenkt er größte Aufmerksamkeit. Dieser Geisteshaltung verdankt sich die Vornehmheit, die das Gut von seinen Nacheiferern unterscheidet. Aber dem Baron genügt das noch nicht. Der Name Lafite sollte sich in der allgemeinen Vorstellung mit den Namen großer zeitgenössischer Künstler verbinden. Daraus entstand die Idee, das Gut von einigen der besten Fotografen des 20. Jahrhunderts porträtieren zu lassen, allen voran Jacques-Henri Lartigue, Irving Penn, Robert Doisneau und Richard Avedon.

1988 sollte eine noch bedeutendere Idee dem Ort den noch fehlenden letzten Schliff verleihen. Baron Eric kam ein Gedanke, der alles andere in den Schatten stellen sollte: Er beauftragte den katalanischen Stararchitekten Ricardo Boffil mit dem Entwurf eines neuen Lagerkellers. Als eines Morgens die Pläne in einer großen Architektenrolle eintrafen und vor den wenigen anwesenden Vertrauten ausgebreitet wurden, kamen diese aus dem Staunen nicht mehr heraus. Boffil hatte die verrückte Idee – eine Idee à la Rothschild, wenn man es genauer bedenkt –, einen runden Raum zu entwerfen und die Fässer in konzentrischen Kreisen um das Auge einer Rotunde anzuordnen. Ein genialer Einfall, wie man ihn nur bei wahren Meisterwerken findet. Er verbindet ästhetische Kraft und praktische Selbstverständlichkeit mit einer unaussprechlichen Magie, die immer nur den elegantesten Lösungen eigen ist.

Heute zählt der unterirdische Reifekeller von Lafite zu den bedeutendsten architektonischen Sehenswürdigkeiten des Bordelais. Seine Besichtigung zu versäumen wäre ein Irrtum, sich darauf zu beschränken ein großer Fehler. Denn nicht einmal die Idee eines Architekten ist es wert, dass man ihr auch nur einen Augenblick lang das unterordnet, dem kraft der Klassifizierung und einhelliger Meinung der Vorrang vor allem anderen gebührt: dem göttlichen Nektar, dem Jungbrunnen, dem Grand Vin, der für sich allein und um seinetwillen Respekt verdient. A. B.

Zur besonderen Atmosphäre eines großen Weinguts trägt nicht nur eine stilvolle Inneneinrichtung (vorhergehende Doppelseite und oben) bei, selbst auf die harmonische Beleuchtung der Keller wird großer Wert gelegt (gegenüber).

CHÂTEAU
LATOUR

Pauillac

Majestätisch strahlt er auf den Kisten, den Etiketten und sogar auf dem weißen Seidenpapier, in das alle Flaschen vor dem Versand eingewickelt werden: Der zinnenbewehrte Turm des Château Latour mit dem Wappenlöwen darüber will so universell verstanden werden wie die Schachfigur. Zeitlos und herrschaftlich wirkt er. Dabei existiert der Bergfried, der einst dem angesehensten Château des Médoc seinen Namen gab, längst nicht mehr. Nicht der kleinste Teil dieses mächtigen Bauwerks aus dem 14. Jahrhundert, das während des Hundertjährigen Krieges als Hauptgebäude der Festung diente und »Tour Saint-Maubert« genannt wurde, ist erhalten. Bei dem zauberhaften kleinen Gebäude, das in unserer friedlichen Zeit als der »Turm« gilt, handelt es sich nur um den Taubenschlag, der zur Zeit Ludwigs XIII. erbaut wurde.

Dies alles interessiert den Kenner jedoch nur am Rande. Die Einzigartigkeit dieses Weinguts liegt nicht in seinem Schmuck, sondern beruht auf seiner Lage nahe am Fluss, nur wenige hundert Meter von der Gironde entfernt, auf einer Höhe, die für den Weinbau ideal ist. Außerdem verfügt es in Hülle und Fülle über hervorragenden, fruchtbaren Kiesboden, wie man ihn nur an der Garonne findet. Die fünfundsechzig Hektar großen Weinberge – siebenundvierzig davon bilden den berühmten »Enclos« – profitieren von einem Mikroklima, das man nicht für möglich hält, einer Lage ohnegleichen, einer perfekten Entwässerung und einer traumhaften Bodenqualität. Wie sollte man eine solche Ausgangsbasis Lügen strafen?

Man hat ausgerechnet, dass sich nach dem großen Frost von 1991 der Verlust der latourschen Ländereien auf dreißig Prozent belief, während die örtlichen Winzer verheerende Verluste von rund siebzig Prozent erlitten hatten. Muss man aus diesem Wunder folgern, dass dieser auserwählte Bergrücken unantastbar ist? Viele sind geneigt, dies zu glauben. Auch ein altes Weinbauarchiv der Domäne, das in den sechziger Jahren des vergangenen Jahrhunderts entdeckt wurde und teilweise bis ins Jahr 1331 zurückreicht, bestätigt das günstige Schicksal durch die Jahrhunderte hindurch.

Die herausragende Persönlichkeit in der Geschichte von Latour ist der Marquis de Ségur. Dieser Magier, den zeitgenössische Schmeichler »Prinz der Reben« tauften, verstand es als Erster, das Beste aus den unvergleichlichen Weinbergen

Bei Sonnenuntergang wirkt der alte Taubenschlag vor der glitzernden Gironde wie ein Scherenschnitt. Er gilt als Markenzeichen der Domäne.

herauszuholen, und kreierte einen »Latour-Stil«, der seitdem nicht mehr in Frage gestellt wurde. Die Verwalter, die in der Folge die Leitung des Besitzes übernahmen, waren, wie unzählige, sorgfältig geführte Bücher bezeugen, vor allem bemüht, in die Fußstapfen des Gründers zu treten. Man kann sagen, dass das Renommee des Grand Vin Latour, das sich bald bis nach England und in die Neue Welt verbreitete, ohne jeden Makel blieb, bis zum Beginn des goldenen Zeitalters mit der Klassifizierung von 1855.

Auch die neuere, uns nähere Geschichte des Weinguts verdient Aufmerksamkeit, denn sie ist symptomatisch für die Entwicklung der Grands Crus Classés der Region in den letzten fünfzig Jahren. So hatte der Besitz, obwohl offenkundig vieles veraltet war, noch einige große Jahrgänge hervorgebracht – darunter den wundervollen Rebensaft von 1961 –, als die des Weinbaus müden Nachkommen des Marquis de Ségur ihn an die englische Pearson-Gruppe verkauften. Es war höchste Zeit für eine Generalüberholung, ein *aggiornamento* im wahrsten Sinne des Wortes, das die neuen britischen Hausherren sogleich in Angriff nahmen.

Neue Parzellen wurden im Westen der alten Domäne angepflanzt, eine künstliche Dränage ergänzte und erleicherte die Arbeit der Natur, und wichtiger noch: Die neuen Herren setzten bei der Arbeit im Weinberg motorisiertes Arbeitsgerät ein und tauschten die alten Holzfässer gegen einen Gärtank aus Edelstahl aus – eine Häresie zur damaligen Zeit. Der Qualität des Weines tat dies keinen Abbruch, im Gegenteil: Unter anderem die Jahrgänge 1966, 1970 und 1975 zeichnen sich durch ausgezeichnete Erzeugnisse aus.

Der Übernahme der Herrschaft über den Rohstoff durch die Angelsachsen, die schon immer eine Vorliebe für *French claret* bewiesen hatten, folgte ein massiver Export des Endprodukts. Dass Château Latour in englische Hände gefallen war, konnte Beobachter, die mit den Sitten im Bordelais vertraut waren, nicht schockieren. Sie verstanden es schlicht als Zeichen der Zeit am Ende einer folgerichtigen Entwicklung: Ein Kleinod des französischen Weinbaus sollte nun dreißig Jahre lang in der Hand von ausländischen

Das Herzstück des Weinbergs, genannt »l'Enclos« (rechts). Die Einrichtung des Probierkellers spielt mit Raum und Licht (darauf folgende Doppelseite).

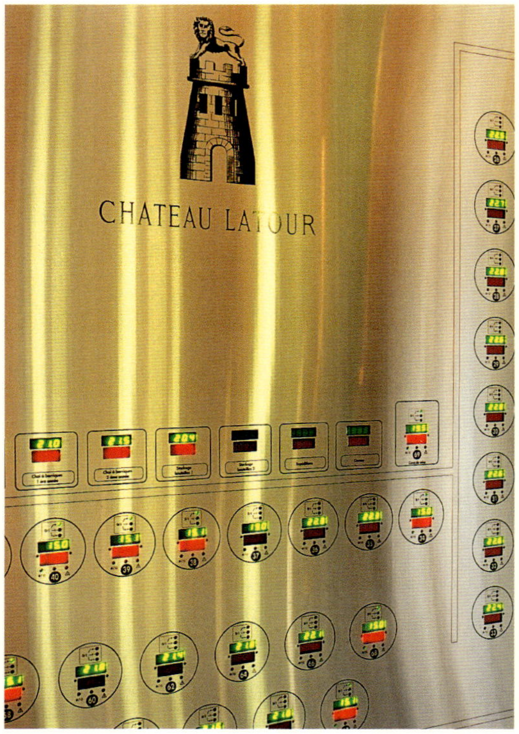

Investoren bleiben – bis der bretonische Unternehmer François Pinault es 1993 erwarb. Damit begann ein neues Kapitel der Latour-Saga.

»Wir sind uns der glanzvollen Vergangenheit des Besitzes bewusst und in gewissem Maße auch stolz darauf«, erklärt Frédéric Engerer, der Geschäftsführer des Weinguts. »Gleichzeitig wenden wir uns entschlossen der Zukunft zu und prüfen zunächst, was sich uns auf diesem Weg bietet. Wenn ich eine Sichtweise von Château Latour verteidigen sollte, wäre dies eine Sichtweise, die zuvörderst in die Zukunft gerichtet ist.« Das überrascht einen nur, wenn man nicht weiß, dass die Menschen des Médoc ohne Unterlass Pläne schmieden.

Der Charakter des neuen Besitzers harmoniert mit dieser Ausrichtung. François Pinaults Vorliebe für Neuerungen allgemein ist bekannt, auch seine Vorliebe für moderne Kunst im Besonderen. Man braucht nur die neuen Einrichtungen im vergrößerten Weinlager anzusehen, um sich von der entschieden modernistischen, puristischen Note – vielleicht mit »Zen-Charakter« – zu überzeugen, die nun in Château Latour vorherrscht: Große anthrazitfarbene, glatte Flächen, rechtwinklige, scharfe Kanten und ein mineralischer Dreiklang aus Beton, Granit und Glas erzeugen eine futuristische Atmosphäre, wie sie in der Region sonst nicht üblich ist. In seinem geräumigen Büro fährt der Geschäftsführer fort: »Wir profitieren vom Schwung einer sehr jungen Mannschaft. Die meisten führenden Mitarbeiter sind in den Dreißigern, und das ist ein wirklicher Trumpf dieser 1999 eingesetzten Equipe.« Auch wenn die Jugend nicht alles kann, so lebt sie wenigstens lange genug, um noch die Auswirkungen ihrer heutigen Entscheidungen beurteilen zu können. Für kommende Generationen zu arbeiten ist edel und gut, aber nicht immer ausreichend motivierend.

Was intern gilt, gilt in diesem Fall auch außerhalb. So soll es Latour-Liebhaber geben, die offen darüber jammern, dass es ihnen nicht vergönnt sein wird, die Alterung bestimmter noch junger Jahrgänge zu erleben. »Dass ich all dies einmal verlassen muss!«, klagte einmal der kranke Mazarin beim Anblick seiner Antikensammlung. »Dass dieser Wein dort ohne mich altern wird!«, ertönt das Echo einiger verzweifelter Weinkenner.

Geduld und Vertrauen in die Zukunft sind zwei Tugenden, die das Erbe des Château Latour prägen. Dieser Premier Cru Classé, ein Lagerwein par excellence, ist mehr als andere dazu geeignet, die Jahre zu überdauern. Und genau aus diesem Grund fürchtet das Haus die ständig wachsende Ungeduld und Undiszipliniertheit seiner Kundschaft und versucht Abhilfe zu schaffen, indem es den Getreuen anbietet, die Flaschen für sie aufzubewahren und erst nach einer bestimmten Anzahl von Jahren »freizugeben«.

Ein besseres Beispiel für eine harmonische Einbeziehung der Zukunft als hier findet sich nicht, wo sich der Winzer in den Verwalter eines Depots verwandelt, um sicherzustellen, dass sein Rebensaft erst zu dem genauestens festgelegten Zeitpunkt getrunken wird, zu dem die Jahre das köstliche Getränk in einen Zaubertrank der Ewigkeit verwandelt haben werden – dann zweifellos das hervorragendste und edelste menschliche Erzeugnis. A. B.

Der von einer Löwenstatue beherrschte Turm ist das Wahrzeichen des Weinguts. Er ziert selbst die Temperaturanzeige (oben links) im Gärkeller (oben rechts) und die großen Fenster des Fasskellers (gegenüber).

CHÂTEAU
MARGAUX

Margaux

Das berühmteste Château des Médoc ist zugleich eines der majestätischsten. Dass das Ansehen mit der Entfernung wächst, wie manche behaupten, trifft in diesem Fall nicht zu. Ganz im Gegenteil, je näher man ihm kommt, desto vornehmer und erhabener wirkt es. Je weiter man im Sonnenschein zwischen den beiden Reihen uralter Platanen diesem Tempel des Grand Vin, dieser großen Bühne der Önologie entgegenschreitet, desto mehr gerät man in seinen Bann. Es ist wie mit manchen Helden, die, was immer die Dichter behaupten mögen, auch für ihren Kammerdiener Helden sind, und manchen sehr seltenen, aber umso bemerkenswerteren Sagen, die auch der genauesten Prüfung standhalten.

Steigt man die zweiundzwanzig Stufen der monumentalen Außentreppe hinauf, die ein ionisches Peristyl mit Fronton überragt, glaubt man zu spüren, wie ein großer, legendärer Name Gestalt annimmt – Margaux ist das einzige Château, das wie seine Appellation heißt. Wenn man die helle, großzügige Eingangshalle betritt und sich die riesigen Türen zu Salons mit Mobiliar im Empire-Stil öffnen, wird einem klar, dass es hier absolut nichts Gewöhnliches gibt. Jean Giraudoux schrieb einmal: »Es ist das Privileg der Großen, die Katastrophen von einer Terrasse aus zu betrachten.« Hier genießen die Gäste das Privileg, die berühmtesten Weinberge von den hohen Fenstern einer fürstlichen Behausung aus bewundern zu dürfen.

Die Hausherrin ist noch jung und wirkt so einfach und vornehm wie die Kulisse. Corinne Mentzelopoulos ist die würdige Erbin eines großen Mannes aus dem griechischen Patras, der, nachdem er im Handel ein Vermögen verdient hatte, auf die nicht alltägliche Idee kam, diese nationale Institution zu erwerben. Die Transaktion fand 1977 statt. Damals wurden Investitionen in ein Weingut, von welchem Ansehen auch immer, als tollkühn betrachtet. Es handelte sich jedenfalls um eine hochriskante Angelegenheit. André Mentzelopoulos mag daher zu Recht als Vorreiter gelten. 1977 – das heißt nur drei Jahre vor dem Tod des neuen Besitzers und kurz vor der Fertigstellung seines ersten Jahrgangs. »Es war meinem Vater nicht vergönnt, die Früchte seiner Arbeit zu ernten«, stellt seine Tochter bedauernd fest. Ihre bewegte Stimme lässt den Grund ihres Einsatzes für diese Ländereien erahnen.

Die große Freitreppe des Châteaus mit der ionischen Vorhalle ist unübersehbar.

CH·LAFITE
1934
186

1959

Wenigstens hatte der neue Besitzer Zeit genug, auf Margaux einen neuen Geist entstehen zu lassen, der sich allmählich ausbreitete und einige Jahre später alle Güter des Médoc erfasste. Das Verlegen von Dränagen, die Konsultation eines externen Beraters bei der Weinbereitung, die Verwendung neuer Fässer in großem Maßstab und der Bau eines spektakulären unterirdischen Kellers, des ersten im Médoc, der perfekt für den Ausbau der Weine im Barrique geeignet ist. Viele Neuerungen – unter anderen –, die aufgegriffen und nachgeahmt und zum Allgemeingut wurden. Als Vorkämpfer eines Krieges oder einer Revolution beendete Mentzelopoulos das *aggiornamento* von Margaux zwei Jahre, bevor die umtriebigsten seiner Kollegen das ihre begannen. Er hatte seinen Nachfolgern den Weg geebnet.

Seine Tochter betrachtet sich mehr als Verwalterin denn als Besitzerin eines Schatzes. Nie würde sie sagen »Margaux gehört mir«, sondern betont lieber »Ich gehöre Margaux«. Unmittelbar darauf bekennt die leidenschaftliche Literaturliebhaberin nicht ohne einen Anflug von Koketterie: »Ich stamme nicht einmal aus dem Bordelais«, um dann zu präzisieren, dass sie sich zur Hälfte als Griechin fühlt, ein wenig als Amerikanerin, unter dem Strich aber als Bewohnerin des Médoc.

Dies hinderte sie nicht daran, die kleine Welt der örtlichen Winzer ohne Gegenwehr zu erobern. Ihre Ernsthaftigkeit, ihr Respekt vor dem Berufsstand, ihre demütige Haltung gegenüber dieser unendlich komplexen Kunst verschafften ihr Eingang in eine Gesellschaft, die Neuankömmlingen nicht gerade offen steht. Vor allem mit der Entschlossenheit, sich auf Margaux zu konzentrieren, setzte sich die junge Frau bei ihresgleichen durch. Zunächst versicherte sie sich der nötigen Unterstützung, und als sie dann die Alleinherrschaft über ihren Besitz anstrebte, verbündete

Weinberg (links) und Keller (vorhergehende Doppelseite): Beide machen das Château unverwechselbar.

sie sich mit dem Italiener Giovanni Agnelli, um dann dessen Familie die Kapitalmehrheit wieder abzukaufen.

Ansonsten weiß Corinne Mentzelopoulos am allerbesten, was sie ihrer tatkräftigen, aufeinander eingeschworenen Mannschaft zu verdanken hat. Die Jugend ist zweifellos der größte Trumpf der kleinen Gruppe. »Am Anfang«, erinnert sie sich, »waren wir noch nicht einmal dreißig.« Das gilt auch für den brillanten Paul Pontallier, der die Bewirtschaftung leitet und sie auf bewundernswerte Weise auf dem Gut unterstützt.

Dieser liebenswürdige, warmherzige Mann führt den ebenso überraschten wie gepackten Besucher durch prächtige, ebenerdige und unterirdische Keller, die um einen großen Hof gruppiert sind. André Mentzelopoulos ließ diesen riesigen Gewölbekeller als unterirdische Verbindung der beiden Hauptgebäude errichten. Dabei entstand eine sehr rationelle Abfolge von Räumen, die von den prächtigen Holzkeltern zur Böttcherwerkstatt, eine der letzten unter den Crus Classés, reichen. Der älteste Keller ist ein riesiger, beeindruckender Raum, der durch eine Säulenreihe geteilt wird. Ein wahrhaft vollkommenes Meisterwerk, das allein einen Umweg lohnt. »Dies ist einer der schönsten Keller überhaupt«, unterstreicht Paul Pontallier, »wir haben ihn in dieser Schlichtheit übernommen und hüten uns davor, daran etwas zu ändern. So, wie Sie ihn vor sich sehen, finden Sie ihn auch auf alten Stichen aus dem 19. Jahrhundert.«

Von der Architektur zur Philosophie ist es nur ein kleiner Schritt, zu dem Margaux gern einlädt. Und nirgendwo sonst dächte man lieber über das Angeborene und das Erworbene, über Natur und Kultur, über Kräfte und Formen nach. Aber steigen wir aus den Höhen des Geistes wieder auf die Erde hinab, kehren wir zur ach so sinnlichen Quelle all dessen zurück. Am Ende des langen Rundgangs gießt Paul Pontaillier etwas Rebensaft ein. Diese Weinprobe – oder Demonstration – bedarf keiner Kommentierung. Tiefe, Weite, Kraft. »Zweifellos«, murmelt Paul Pontallier vor sich hin, »dieser 2003er ist ein großer Wein. Einer der Grands Vins, über die man nicht zu viele Worte verlieren muss, um sich ihnen hingeben zu können.«

Der Besucher ist beim Abschied nicht mehr derselbe, als sich der Abend auf den großen Hof von Château Margaux senkt. Bei einem leichten Nieselregen wirft er aus der Ferne schweren Herzens einen letzten Blick auf die erleuchtete, säulengeschmückte Fassade, die dort hinter der Platanenallee verschwindet. Es ist Zeit, Margaux zu verlassen, um traurig wieder in die Welt zurückzukehren. A. B.

Die Produktions- und Lagergebäude (oben) sehen aus wie ein kleines altertümliches Dorf. Selbst einen Küfer gibt es noch (gegenüber).

CHÂTEAU
MOUTON ROTHSCHILD

Pauillac

Der weltberühmte Mouton hat nichts mit dem köstlichen Pauilliac-Lamm zu tun. Vielmehr bezeichnete das alte Wort einst die bescheidene »Scholle«, das karge Vorgebirge, auf dem einer der größten Weine des Médoc reift. Doch das Wortspiel drängte sich auf, und so ergriff Baron Philippe de Rothschild, der am 13. April 1902 im Sternzeichen Widder geboren wurde, die Gelegenheit, seinen Namen mit dem eines tierischen Schutzpatrons zu verbinden.

Baron Philippe war erst zwanzig Jahre alt, als er einen Teil des ehemaligen Lehnsgutes Brane-Mouton erbte, dem ein Vorfahre aus dem englischen Familienzweig, Baron Nathaniel, siebzig Jahre und drei Generationen zuvor schon den Namen Mouton Rothschild gegeben hatte. Es fiel dem modernen jungen Mann, der zur Pariser Prominenz gehörte, ein Ästhet und glühender Verehrer englischer Verskunst war und Reisen und Automobilrennen liebte, sicher nicht leicht, sich in den hintersten Winkel des Bordelais zurückzuziehen. Dazu gehörte einiger Mut und vor allem eine untrügliche Herzensbegeisterung. Dieser Entschluss fürs Leben hatte im Übrigen unvorhersehbare Folgen nicht nur für die Domäne Mouton, sondern für den gesamten Weinbau.

So schlug es hohe Wellen, als das junge Genie 1924 beschloss, die gesamte Produktion selbst abzufüllen. Von da an wurde der Grand Vin de Mouton im Château auf Flaschen gezogen. Damit beraubte Baron Philippe ein jahrhundertealtes Gewerbe auf brutale Weise seiner Tätigkeit, die ihm Vorteile auf Kosten der Gutsbesitzer verschafft hatte. Gleichzeitig wurden dem Winzer völlig neue Aufgaben und neue Verantwortung übertragen, die ihm auch Ansehen verliehen.

Diese Revolution rief wie alle Revolutionen eine wahre Flut von Neuerungen hervor, angefangen damit, dass die Gebäude viel zu klein geworden waren, um die Mengen mehrerer Jahrgänge zu beherbergen. So entstanden ab 1925 geeignete Anlagen, vor allem das große, einhundert Meter lange Fasslager, das erste seiner Art in der Region. In seiner Leidenschaft für Inszenierung vertraute der Gesellschafter

Eine Bibliothek in Paris, in der Sologne oder in der Provence? Mitnichten. Tatsächlich handelt es sich hier um einen der meist besuchten Salons im Médoc.

den Bau dem Architekten des Pariser Pigalle-Theaters an, dem brillanten Charles Siclis. Die eindrucksvolle Aneinanderreihung der Fässer, die theatralische Beleuchtung des riesigen, säulenlosen Saales trugen ebenso wie die meisterhafte Dehnung des Raumvolumens zum Erfolg dieses bahnbrechenden Baus bei, der seitdem oft kopiert wurde.

Das Paradoxe an gelungenen Neuschöpfungen ist, dass wir sie, wenn sie sich einmal durchgesetzt haben, für selbstverständlich und einfach halten. Man muss sich in die damalige Zeit zurückversetzen und sich klar machen, welche Innovationen solche Projekte damals darstellten, um sich des Wagemuts ihrer Schöpfer und ihres visionären Charakters bewusst zu werden.

Die *mise au château,* die Schlossabfüllung, erlaubte außerdem eine edlere Ausstattung der Flaschen mit individuellen Etiketten. Das Erste wurde 1924 dem Plakatmaler Jean Carlu anvertraut, der einen kubistischen Entwurf ablieferte, in dem die aufgelösten Konturen eines Widderkopfes in die fünf Pfeile der Familie Rothschild integriert waren. Zwanzig Jahre später, anlässlich der Befreiung Frankreichs, wählte der Baron einen Entwurf Philipp Jullians aus, der auf Churchills Victory-Zeichen basierte.

In der Folgezeit sahen sich zahlreiche andere Künstler umworben, angefangen mit solchen, die der Familie nahe standen, wie Marie Laurencin, Jean Cocteau oder Léonor Fini. Von da an wurde das Etikett des Grand Vin jedes Jahr von einem berühmten Künstler entworfen. Ausnahmen bilden nur die Jahre 1953, als der Kauf des Weinguts sich zum hundertsten Mal jährte, 1977 anlässlich eines privaten Besuchs der englischen Königinmutter und 2000 anlässlich der Feiern zur Jahrtausendwende. Nach und nach komplettierten weitere große Namen von Miró bis Dalí, von Chagall bis Balthus, von Picasso bis Baselitz diese unglaubliche Sammlung von Meisterwerken. Als Lohn für seinen Beitrag erhält jeder Künstler eine bestimmte Anzahl von Kisten des Grand Vin.

Die Idee, Mouton-Rothschild in der Kunst zu verankern, führte in den 1950er Jahren zum Erfolg und mündete in der Gründung eines Museums vor Ort, das kostbare Kunstwerke und kunsthandwerkliche Objekte beherbergt, die sich über die Epochen hinweg mit den Themen Rebe und Wein befassen. 1962 eröffnete André Malraux diese in der Welt einzigartige Sammlung, die seitdem als das Schmuckstück der Kunstschätze des Bordelais regelmäßige Besucherströme auf das im wahrsten Sinne des Wortes sinnbildlich gewordene Weingut lockt.

Warum sollte sich unter solchen Bedingungen der Ruhm des Mouton Rothschild nicht weltweit verbreiten? Bald galt er als bester Grand Cru des Médoc, und so führte die Domäne 1993 eine zweite Marke ein, den Mouton-Cadet, der zum weltweit am häufigsten verkauften Bordeauxwein wurde. Erfolg zieht Kreise, und die neuen, immer innovativeren Produktions-, Handels- und Marketingmethoden, die hier angewandt wurden, verbreiteten sich allmählich und dienten zahlreichen Winzern als Beispiel.

Eine Ungerechtigkeit musste noch aus der Welt geschafft werden. Bei der Klassifizierung 1855 hatten die Autoritäten den Mouton doch tatsächlich als unwürdig für die höchste Auszeichnung befunden, trotz einer Qualität und eines Verkaufspreises, die denen der Premiers Crus

Die raffinierten Lackarbeiten von Jean Dunand für den Rauchsalon der »Normandie« (vorhergehende Doppelseite) zeigen eine idealisierte Darstellung der Weinlese. Auf einem Etikett hat Jean Carlu den Widder, das Markenzeichen der Mouton Rothschilds, verewigt (unten rechts).

Case N°
540
1982
300

ebenbürtig, wenn nicht mnchmal überlegen waren. Aufgrund des »schlechten Zustands« des Hauses und der Anlage, so behaupteten sie, hatten sie ihn zum Ersten der Seconds Crus ernannt. Für Baron Philippe blieb diese alte Wunde lebendig. So formulierte er in Anlehnung an die Devise der Rohans die Devise seines Weingutes: »Erster kann ich nicht sein, Zweiter zu sein geruhe ich nicht, Mouton bin ich.« Aber er gab nicht auf. Die kontinuierliche Verbesserung der Qualität, der Bau wunderbarer Räumlichkeiten, die herausragende Stellung, die die Marke im Laufe eines halben Jahrhunderts erreicht hatte, rechtfertigte in seinen Augen die Anfechtung der Klassifizierung.

Indessen bedurfte es großer persönlicher Energie, eines starken Wirkens in den entsprechenden Institutionen und diplomatischen Eingreifens, um den öffentlichen Protest – auch von Seiten bestimmter Nachbarn, um nicht zu sagen Verwandter – entgegenzutreten, der diese Bestrebungen hervorriefen. 1973 jedoch brach der Baron mit seiner beispielhaften Beharrlichkeit den gesammelten Widerstand des Ministeriums und fast des gesamten Berufsstandes, ein einzigartiger Fall in der Geschichte der Klassifizierung: Mouton Rothschild verließ die Kategorie der Seconds Crus, um dem geschlossenen Klub der Premiers Crus beizutreten. Seine Devise wurde: »Erster bin ich, Zweiter war ich, ein Mouton ändert sich nicht.«

Was für eine sagenhafte Geschichte eines Hauses, dessen Glanz sich mit der strahlenden Persönlichkeit dessen vermischt, der es mehr als sechzig Jahre lang bis zum Gipfel führte! Nach dem Tod dieses großen Mannes im Jahr 1988 trat seine Tochter, die Baronin Philippine, an seine Stelle. Auch diese energische Frau verließ die Pariser Theaterwelt, um sich der Fortführung eines großartigen Projekts zu widmen, und erwies sich damit des Vertrauens ihres Vaters würdig. Der gleiche Optimismus, der gleiche Wille, die gleiche Gewandtheit – mit einer vielleicht noch größeren Neigung zur Öffnung. Das bezeugen die Etiketten, die sie etwa Keith Haring oder Francis Bacon gestalten ließ. Kein Kenner zweifelt an den Intentionen der neuen Muse des Ortes, und alle sind sich in der Gewissheit einig, dass Mouton noch lange Mouton bleiben wird. A. B.

Ein Esszimmer sucht man hier vergebens. Der Tisch wird ganz nach Lust und Laune in einem der zahlreichen Salons gedeckt, hier in einem Raum mit einem herrlichen Rocaille-Fries.

CHÂTEAU
HAUT-BRION

Pessac-Léognan

Wie in Morienval das Kreuzrippengewölbe und im Park von Vaux-le-Vicomte die französische Perspektive das Licht der Welt erblickten, so wurde hier in Haut-Brion der Grand Cru geboren. Es versteht sich daher von selbst, dass die Klassifizierung von 1855 eine Ausnahme für den legendären Graves machte und ihm anstandslos einen Platz unter den Spitzenweinen zuwies, wie er sonst den Crus des Médoc vorbehalten war. Wie alle Gründungsstätten scheint auch diese Urkunden zu sammeln, die sie als Erste ausweisen: die erste bestätigte Herkunftsbezeichnung, das erste speziell dem Weinbau gewidmete Château, der erste Grand-Vin-Export, die erste Rebenveredelung. Man könnte unendlich viele Innovationen dieses wegweisenden Hauses aufzählen, das den anderen immer um ein oder zwei Längen voraus ist.

Die erlauchten Pontac-Weine, wie sie einst genannt wurden, verdankten ihre Vorrangstellung den wegbereitenden Anstrengungen der Familie gleichen Namens. Dem Urahnen Jean de Pontac gebührt das Verdienst, das Fundament geschaffen zu haben. Dieser Kollege Montaignes und La Boéties im Parlament von Bordeaux kam durch Heirat in den Besitz der Ländereien namens Haut-Brion, erwarb 1533 das Herrenhaus und legte siebzehn Jahre später den Grundstein für das Château. Sein Geniestreich bestand darin, das fruchtbare Land dem Weinbau zu reservieren und sein Schlösschen nach hinten auf den schlechten Sandboden zu setzen. So sorgt man für eine fünfhundertjährige Tradition! Er selbst starb im Alter von hundert Jahren, »ohne an Gicht und Harngrieß zu leiden und im Vollbesitz seiner geistigen Kräfte bis zum letzten Atemzug«.

Der Apfel fällt nicht weit vom Stamm, und so erweiterten und verschönerten seine Nachfolger den Besitz, dessen Vorzüge sich rasch herumsprachen, wegen seines besonderen Weines, der ausdrucksvoller, subtiler und verführerischer war als alles, was man bis dahin getrunken hatte. Hundert Jahre nach der Gründung eröffnete der prachtvolle Arnaut III. – der Erbauer der Maison Daurade in Bordeaux – dem Weinhandel ganz neue Perspektiven. Am Tag nach dem großen Brand von London zählte die Weinschenke mit dem Firmenschild Pontac zu den meistbesuchten Orten an der Themse. Von da an machten es sich die Engländer zur Gewohnheit, sich die Kehlen mit dem

Mag das steinerne Raubtier auch bedrohlich wirken – tatsächlich wacht es über den Innenhof des Schlosses.

französischen Wein zu befeuchten, den der berauschte Samuel Pepys »Ho-Bryan« schrieb.

Die andere Familie, der hier gedacht werden soll, ist die Familie Larrieu, die Haut-Brion unter Louis-Philippe erwarb und bis zur Präsidentschaft Alexandre Millerands behielt. Ein Zeichen der Zeit: Der Amtsadel hatte inzwischen die Herrschaft an die Finanzwelt abgegeben. Joseph Eugène, der den Zuschlag bei der Versteigerung im März 1836 erhielt, war ein Pariser Bankier ganz im Geiste der Julimonarchie. Seinem Sohn Amédée verdanken der Keller seine Modernisierung und der Wein seine vorzügliche Qualität. Auch die folgenden Generationen der Larrieus hielten das Banner des Weinguts hoch, das ihre wahrhaft neuartige Konzeption der Weinbereitung verkörpert.

Seit dem 17. Jahrhundert haben sich die Engländer und neben anderen auch die Niederländer der Crus angenommen und mit Erfindungen dazu beigetragen, dass sie sicher und in großen Mengen ausgeführt werden konnten. So verdankt etwa die *flûte hollandaise,* ein Leichter zum Transport von Fässern, ihre Existenz der Vorliebe der Nordeuropäer für die Erzeugnisse des Hauses Pontac. Diese Weltoffenheit, die bald zahlreiche Crus des Médoc prägen wird, und kosmopolitische Internationalität wird Haut-Brion nicht mehr aufgeben.

In den Wirren der Revolution und des Kaiserreichs fielen die Weinberge in den bunt zusammengewürfelten Besitz des Fürsten von Benevent, das heißt des Tausendsassas Talleyrand, des meisterhaften Diplomaten in der abenteuerlichsten Zeit der französischen Geschichte. Bekanntlich gelang es dem »hinkenden Teufel«, dank des Genies seines Küchenchefs Carême, die Gastronomie in den Rang einer Kunst zu erheben und seine Tafel als diplomatisches Instrument zu verwenden. Weniger bekannt ist im Allgemeinen, dass das Hauptargument dieser Politik den Namen des Weinbergs trug, den der Fürst in Pessac erworben hatte.

Gut hundert Jahre später ist es für den gegenwärtigen Besitzer von Haut-Brion, den Amerikaner Douglas Dillon, Ehrensache, diese diplomatischen Verwicklungen weiterzuspinnen: Der ehemalige Botschafter der Vereinigten Staaten in Paris beliefert sowohl den Weinkeller des Weißen Hauses als auch den des Elyséepalasts. Sein Vater, der ehrwürdige Clarence Dillon, erwarb das Château 1935 von André Gibert. Die Prohibition war gerade zu Ende, und die transatlantischen Absatzmärkte schienen grenzenlos. Dieser große New Yorker Bankier, dessen gutes Gespür, Charisma, Erfindungsgeist und Lebensdauer zwangsläufig an den alten Jean de Pontac erinnern, dieser Wahlbordelaiser verstand es, die Flamme der Begeisterung an seine Nachkommen weiterzureichen – bis hinab in die vierte Generation, die gegenwärtig am Ruder ist.

Seine Enkelin Joanne, verheiratete Herzogin von Mouchy, und sein Urenkel Robert, geborener Prinz von Luxemburg, haben die Fackel mit Feuereifer und der Liebe übernommen, die natürlicherweise Einrichtungen in Familienbesitz vorbehalten ist. Sie verkörpern heute das ruhige Gewissen, das seiner selbst und seiner langen und tiefen Legitimität sicher ist. Im exquisit ausgestatteten Château wie in dem in bewundernswerter Weise neu angepflanzten Weingut weht ein besonderer Geist, der umso schwieriger zu beschreiben ist, als er weniger durch Worte als durch Anschauung zum Ausdruck kommt – durch sein unaussprechliches Wesen. Haut-Brion ist an erster Stelle eine historische Stätte, erst an zweiter ein großer Wein.

Die Nähe der Stadt hat hier immer eine herausragende Rolle gespielt. Als hohe Beamte des Bordelais verkehrten die Pontac selbstverständlich mit den großen Kaufleuten. Als Bankiers setzten die Larrieu auf die Hauptstadt der Provinz Guyenne. Und die transatlantischen Beziehungen der Familie Dillon passen hervorragend zu einer städtischen Nachbarschaft, von der aus alle Märkte erreicht werden

Eine umfangreiche Sammlung von Rebsorten (oben links), Bacchus mit einer Amphore (oben rechts), die Initialen CHB auf einem Glas (gegenüber): In allem spiegelt sich der Zauber des Weinguts.

können. Das Bemerkenswerteste an dieser privilegierten Lage ist heutzutage die Nähe der Universität vor den Toren des Weinguts, die den Austausch mit manchem Agronomen erleichtert.

Selbstverständlich haben sich die Leute von Haut-Brion früh mit Experimenten und Modernisierung beschäftigt. Sie zählten zu den Pionieren der Rebenveredelung nach der Reblausepidemie, sie gehörten gewiss nicht zu den Letzten, die nach dem Zweiten Weltkrieg Maschinen bei der Bewirtschaftung einsetzten, und nach den großen Frösten 1956 traten sie als Vorkämpfer einer ausgewählten Wiederanpflanzung auf und übernahmen die Vorreiterrolle bei Arbeiten jeder Art, die sie in den 1970er und 1980er Jahren in Einklang mit Dr. Peynaud ausführten.

Die Dynastie der Verwalter Delmas – zuerst Georges, dann Jean-Bernard – ist für ihre grenzenlose Offenheit dem wissenschaftlichen und technischen Fortschritt gegenüber und ihr Vorantreiben der Erforschung der Rebsorten bekannt. Die Isolierung einer bestimmten Anzahl von genetischen Familien ermöglicht es nun, spezielle Klone von besonderer Qualität als Ausgangsmaterial der Arbeit zu benutzen. Das heißt aber nicht, dass sie sich auch nur in geringstem Maße in spitzfindigen und leicht abgehobenen Forschungen verzetteln. »Wir haben weder die Absicht noch Lust, etwas anderes zu machen als Château Haut-Brion«, versichert jedenfalls Jean Delmas gutmütig.

Auch auf experimentellem Gebiet, zum Teil unter der Aufsicht der Universität, bleibt die Weinbereitung nichts schuldig; zahlreiche diesbezügliche Neuerungen bezeugen dies. So wurden hier beispielsweise 1961 die ersten Edelstahlgärtanks in der Region Bordeaux eingeführt. Vierzig Jahre später herrscht immer noch Forschergeist in Haut-Brion, wo inzwischen Kelter mit geneigtem Boden in Betrieb genommen wurden, die Ersten ihrer Art.

Wenn man sich all diese kleinen Revolutionen anschaut, merkt man leicht und sehr schnell, dass die Tradition hier vor allem als Basis für Innovation verstanden wird, so wie es in Japan oder in Großbritannien der Fall ist. Einen Fuß in der Vergangenheit, den anderen in der Zukunft, so kommt man am besten vorwärts, ohne das Wesentliche aus den Augen zu verlieren: das, was in der Seele des Rebensafts verborgen liegt. Ein gewisses Etwas, das den unnachahmlichen, unerklärlichen Charakter des »Seigneur des Graves« ausmacht. A. B.

Dieser wunderschöne Weinberg (vorhergehende Doppelseite) liegt seit dem 18. Jahrhundert mitten in Pessac, wie die Karte an der Wand zeigt (oben). Hier werden die Rebstöcke zu Objekten ausgefeilter Studien an rund dreihundertsiebzig verschiedenen Klonen (gegenüber).

2

Château Rauzan-Ségla

Château Rauzan-Gassies

Château Léoville-Poyferré

Château Léoville Barton

Château Durfort-Vivens

Château Gruaud Larose

Château Lascombes

Château Brane-Cantenac

Château Pichon-Longueville

Château Pichon Longueville
Comtesse de Lalande

Château Ducru-Beaucaillou

Château Cos d'Estournel

Château Montrose

CHÂTEAU
RAUZAN-SÉGLA

Margaux

Die Person: Mit seinem graumelierten Bart und seiner gut geschnittenen Cabanjacke ähnelt John Kolasa, der einzige Patron nach Gott, jenen Shakespeare-Darstellern jenseits des Ärmelkanals, die im ausgehenden 20. Jahrhundert die Spielweise Laurence Oliviers in den Schatten stellten. Es geht eine Reife von ihm aus, die seiner Mannschaft Vertrauen und Respekt einflößt. »Ich frage sie immer nach ihrer Meinung und berücksichtige diese soweit wie möglich.« Man könnte meinen, dass ein solcher Mann zwangsläufig die Dinge vorausblickend und genau anzielt. »Wissen Sie, ich habe nichts Neues erfunden, ich ahme in aller Bescheidenheit nach, was schon die Alten getan haben.«

Der Rahmen: Das Ensemble aus gastlichem Herrenhaus und Nebengebäuden, die mit Kletterrosen und Buchsbaum-Skulpturen geschmückt sind, strahlt mit seinen alten Dachziegeln, dem Fachwerk, den hellen, behauenen Steinen und den Dachgauben in Glockenform die mit Fantasie gepaarte Eleganz mancher alter Cottages aus. Die prächtigen Bäume tragen das ihre dazu bei, ebenso der herrliche Blick auf fünfzig Hektar schnurgerade bepflanzter Weinberge. Man könnte meinen, dass die Menschen hier sich die Kunst, Gutes zu schaffen, bewahrt, wenn nicht wiedergefunden haben.

Die Philosophie: Das Haus Chanel, das Eigentümer seit 1994 ist, hat sich von vornherein eine Art angelsächsischer Ethik zu Eigen gemacht, die sich auszeichnet durch Respekt vor dem Künstler, Bescheidenheit in der Verfolgung gleichwohl großer Ziele und die Fähigkeit, im Hinblick auf künftige Generationen zu bauen – ohne jeden Zweifel ein Markenzeichen jedes großen Unternehmers.

Die Verbindung aus dieser Haltung, diesem Haus und dieser Persönlichkeit erklärt den Erfolg von Rauzan-Ségla und verleiht ihm seinen berechtigten Rang als Ersten unter den Seconds Crus Classés. Genau hinter Mouton Rothschild, sagte man vor einhundertfünfzig Jahren, gleich danach, bestätigen die Experten heute. Wenn es das Ziel war, an das goldene Zeitalter am Ende des 19. Jahrhunderts

Sprossenfenster, Fachwerk, Türme:
Hier hat man einen Sinn für das Pittoreske.

anzuknüpfen – und genau dies ist der Sinn der Wiederherstellung des Z im alten Namen Rauzan –, dann ist die Mission beendet.

Am bemerkenswertesten dabei ist, dass der Patron sich selbst als Einsteiger bezeichnet. Nachdem er lange als Französisch- und Kunstlehrer tätig war, ist dieser humanistisch gebildete, frankophile Schotte »zufällig an den Wein geraten«. Eine Folge aus Begegnungen, Herzenslust und vernünftiger Begeisterung führte dazu, dass er sich das Handwerk durch *learning by doing* aneignete. Zehn Jahre bei den großen Weinhändlern Janoueix taten ihr Übriges und brachten Kolasa ins Allerheiligste: ins Château Latour.

Warum hat er es verlassen? Weil es immer besser ist, der Erste in der Provinz als der Zweite in Rom zu sein, und weil das Haus Chanel, als es ihn zu sich holte, die Worte fanden, die für seine Entscheidung ausschlaggebend waren. Im Kern: »Jeder auf seinem Platz. Wir in New York, Sie in Margaux. Sagen Sie uns, was Sie brauchen, und mit dem Rest müssen Sie allein fertig werden!« Es gibt weniger aufregende Vorgaben, aber der Autodidakt ließ sich nicht lange bitten und nahm die Herausforderung an. Wie ein guter Familienvater leitet er nun das Gut. »Jeder neue Jahrgang ist wie ein Kind, das man zur Welt bringen muss«, sagt er gerührt. »In dem einen Jahr ist es ein kräftiger Bursche, wie zum Rugbyspielen gemacht. Gut so. Und im nächsten Jahr ist es ein zartes Jüngelchen mit künstlerischer Ader. Genauso gut.«

Die Gäste auf Rauzan-Ségla machen die Erfahrung immer wieder aufs Neue: Man versteht hier zu genießen, was die Natur auf den Tisch bringt. Der Chef und die Winzerinnen, die sich bereitwillig umziehen, um bei Tisch zu bedienen, pflegen die überlieferte regionale Lebenskunst. So verblassen die Anglizismen immer mehr vor dem französischsten aller Gebote Galliens, dem des guten Essens. »Wenn ich einen Wein kreiere«, schließt der Patron, »dann geschieht das im Hinblick auf Vergnügen und geselligen Austausch, denn letztlich ist der Zweck unserer Arbeit nicht die Teilnahme an Degustationswettbewerben und das Sammeln von Jahrgängen. Wenn wir gute Flaschen abfüllen, sollten wir nicht vergessen, dass dies vor allem in der Hoffnung geschieht, sie eines Tages wieder zu entkorken und zusammen mit guten Freunden zu trinken.« Wenn man es richtig betrachtet, ist das die einzige Motivation, die zählt. A. B.

Ob aus der Ferne gesehen (oben) oder bei näherer Betrachtung (gegenüber): Die Gebäude haben englischen Charme.

CHÂTEAU
RAUZAN-GASSIES

Margaux

Das Jahr 1661: In Vincennes schafft sich Ludwig XIV. endlich den Kardinal Mazarin vom Hals und regiert nun allein. Im Médoc übernimmt auf seine Weise einer der ersten großen Winzer die Macht, ein Mann, dessen sagenhafter Name noch heute an den Ufern der Gironde erschallt: Pierre des Mesures de Rauzan. Denn er erwirbt das für Weinbau geeignete Land des Adelshauses Gassies. Obgleich schon im ersten Drittel des 16. Jahrhunderts als Besitz eines gewissen Gaillard de Tarde erwähnt, ist das Gut bis dahin schlecht bewirtschaftet worden. Pierre de Rauzan gebührt das Verdienst, einen Weinberg angelegt zu haben, der diesen Namen verdient. Jahre später wird er auch Château Margaux und Château Latour pachten und in Pauillac den Cru de Pichon kreieren. Die Region hat ihm also ungeheuer viel zu verdanken.

Pierre de Rauzans Nachkommen gelingt es gut hundert Jahre lang, bis zum Ende der Regierungszeit Ludwigs XV., ihr Erbe zusammenzuhalten. 1766 kommt es dann zur Teilung. Der Teil, auf dem das wundervolle Haus steht, erhält den Namen der Baronin de Ségla, der andere Teil behält die alte Bezeichnung, und man spricht von da an von Rauzan-Ségla und Rauzan-Gassies. Bei der Klassifizierung 1855 werden beide Weine als Second Cru eingestuft. Der Besitzer heißt zu dieser Zeit Viguerie; in den kommenden Jahrzehnten werden noch einige andere aufeinander folgen.

Seit Ende des Zweiten Weltkriegs befindet sich die Domäne Rauzan-Gassies im Besitz der Familie Quié, der auch Croizet-Bages vor den Toren Pauillacs gehört. Zunächst Paul Quié und später sein Sohn Jean-Michel, der derzeitige Chef des Weingutes, verstanden es, auf diesem außergewöhnlichen Boden ebenso einfache wie traditionsreiche Methoden anzuwenden. Ein außergewöhnlicher Boden, der sich aus ganz unterschiedlichen Bodenarten zusammensetzt. Von einer Reihe sehr kleiner Parzellen, die entlang einem alten Flussbett der Garonne verstreut sind, bis zu tiefen, kiesigen Sandböden finden sich hier nahezu alle Arten von Médoc-Böden und bilden eine fast vollständige Auswahl dessen, was die lokale Geologie zu bieten hat.

Möglicherweise hat die erzkonservative britische Kundschaft – eine Erinnerung an die Zeit, als Rauzan per-

Die Seele eines Weinguts liegt im Keller, seiner Schatzkammer. Hier scheint die Zeit stehen geblieben zu sein: einige Flaschen eines 1983ers, eines exzellenten Jahrgangs.

CHATEAU
RAUZAN-GASSIES

sönlich nach London reiste, um seine Weine zu verkaufen – die Methoden des Hauses in Richtung eines überkommenen Klassizismus beeinflusst, um nicht zu sagen, eine solche Haltung gefordert.

Zwar wurde die Anlage mit ihrem traditionellen Fasslager, das zu den Ersten seiner Art gezählt werden kann, 1992 durch einen modernen Gärtank aus Edelstahl mit einem Fassungsvermögen von etwa viertausend Hektolitern ergänzt, doch sollte man deshalb nicht meinen, dass Jean-Michel Quié, sein Geschäftsführer Jean-Louis Camp und ihre Mannschaft auch nur die geringste Lust verspüren, die Methoden aufzugeben, die sich seit langer Zeit hier wie in Croizet-Bages bewährt und den guten Namen bei ihren Anhängern begründet haben. Was wäre nötig, damit sich bei Rauzan-Gassies etwas ändert? Vielleicht eine Minderung der Qualität des Weines…

Aber in dieser Hinsicht steht nichts zu befürchten, denn viele Degustationen in Frankreich wie im Ausland bestätigen die tadellose Reputation eines großen Weines, der wegen seines kraftvollen und zugleich raffinierten Buketts geschätzt wird – abgesehen von einer Treue ohnegleichen zu den komplexesten der großen Terroirs. So schweben die Flügel der Rauzans, die auf dem Flaschenetikett den Wappenschild des Hauses zu tragen scheinen, wohl immer noch über den Nebeln der Gironde. A. B.

Der Eingang zu den Kellereigebäuden (gegenüber) ist genau wie der Innenhof und die anderen Gebäude betont schlicht (oben rechts). Das »andere« Château Rauzan glänzt lieber mit seinem Second Cru Classé.
Bereits im Jahre 1959 schmückten die »Flügel von Gassies« die Flaschen (oben links).

CHÂTEAU
LÉOVILLE-POYFERRÉ

Saint-Julien

Man kann diesem Weingut nicht näher kommen, ohne vorher ein für allemal die Frage nach den verschiedenen Léovilles geklärt zu haben. Dafür muss man ins 18. Jahrhundert zurückgehen, als Alexandre de Gascq, Seigneur de Léoville, seinen Nachkommen das größte Weinbaugebiet des Médoc als Gemeinschaftseigentum hinterließ. Als einer der vier Erben, der Marquis de Las Cases, emigrierte, wurde sein Anteil zum Staatseigentum und veräußert, mehrmals weiterverkauft und gelangte schließlich in den Besitz der Familie Barton. Das ist der Ursprung von Léoville-Barton. Das Schloss mit Ehrenhof blieb gemeinschaftliches Eigentum. Die verbliebenen drei Viertel wurden 1840 aufgeteilt zwischen dem Ältesten, dem berühmten Schöpfer des *Mémorial* von Sankt-Helena, der Léoville Las Cases gründete, und seiner Schwester Jeanne, die den Baron de Poyferré heiratete und so dem gegenwärtigen Weingut seinen Namen gab.

Unmittelbar nach dem Ersten Weltkrieg ging Léoville-Poyferré in den Besitz der Familie Cuvelier über, die von den Tugenden geprägt ist, die man den Familien aus dem Norden im Allgemeinen nachsagt. Nach sechs Jahrzehnten war Didier Cuvelier, der Erste aus der Familie, der 1979 das Kommando übernahm. In wenigen Jahren revolutionierte dieser ambitionierte Mann mit einem Sinn für Ordnung das Weingut, angefangen mit dem Weinberg, der am Schluss einer schier endlosen Krise um die Hälfte geschrumpft war. Dieser wurde völlig neu bepflanzt; danach wurden alle Parzellen mit schlechten Pfropfenträgern gerodet und neu gepflanzt

Als Bauherr aus Neigung wie aus Notwendigkeit stürzte sich der neue Hausherr dank des Booms der 1980er Jahre in erhebliche Erweiterungsarbeiten und drückte den Gebäuden den Stempel einer Ästhetik auf, in der sich die Verwendung neuer Materialien mit dem Respekt vor traditionellen Formen vereint. So entstand 1990–1991 ein neues Fasslager, das mit seiner Glasmauer und seinen monumentalen Schiebtoren zum Schmuckstück des neuen Poyferré avancierte. Die Kelterei wurde 1993–1994 komplett renoviert und mit den neuesten Errungenschaften der Weinbautechnologie ausgestattet.

Das Schachbrettmuster des Bodens verleiht dem großen Kellerraum des Schlosses eine besondere Note.

Seit der Fertigstellung des ersten Abschnitts der Arbeiten an den Fasslägern und Keltereien 1996 ist Poyferré damit technisch bestens gerüstet, trotz der Nachwehen der Erbfolge von 1840, die dazu zwingt, das Château mit den Las Cases zu teilen, während der Ehrenhof zwangsweise Gemeinschaftseigentum ist. Daher müssen sie die »Route des Vins« überqueren, um in die Keltereien zu gelangen, die wie eine Enklave auf dem Land der Las Cases neben dem Château liegen. Neue Bauvorhaben in einem in Léoville-Poyferré ganz unbekannten Ausmaß werden gegenwärtig geprüft. Sie sollen dem Gut einen Empfangsraum verschaffen, der seinem Rang entspricht.

Als Philosoph weiß Didier Cuvelier im Übrigen den Dingen Rechnung zu tragen. Er verliert vor allem nicht die stabile Basis aus den Augen, auf der sein Besitz ruht. »Ich vergesse niemals, dass wir die Châteaus in Krisenzeiten nur halten konnten, weil wir gleichzeitig auch Kaufleute waren«, sagt er. »Für uns ist der Standpunkt des Handels ganz wesentlich, er muss daher notwendigerweise beachtet werden.« Genauso vergisst er über den Verlockungen eines fernen Marktes nicht die klassische Kundschaft: »Die Preise«, sagt er, »dürfen nicht ins Unendliche steigen. Man kann sie gelegentlich erhöhen, aber sie dürfen nicht explodieren«, erklärt dieser kluge Mann und schließt: »Die Bäume wachsen nicht in den Himmel.«

In seinem Art-déco-Büro mit gelben Wänden und Türen aus Tropenholz runzelt der Erneuerer von Poyferré die Augenbrauen und denkt nach. Welche neuen Pläne brütet er hinter seiner undurchdringlichen Stirn aus? Jedenfalls wird er sie zweifellos mit Verstand und Augenmaß abwägen. Zwei nützliche Tugenden des Nordens für einen, der überleben will. A. B.

Seit einem Vierteljahrhundert werden hier grundlegende Veränderungen vorgenommen, angefangen vom monumentalen Eingang zum Keller (oben rechts) bis hin zu seinem Tonnengewölbe (gegenüber).

CHÂTEAU LÉOVILLE BARTON

Saint-Julien

Der legendäre Hugh Barton, der schon während der Revolution eine Firma seiner Familie in Bordeaux leitete, entkam dem Schrecken der Terrorherrschaft nicht. Im Oktober 1793 wurde er mit seiner Frau verhaftet. Er verlor alle seine Güter und lief Gefahr, ebenfalls hingerichtet zu werden. Durch unerhörtes Glück konnte er entkommen und heimlich in das Land seiner Väter zurückkehren, nach Irland. Nach den politischen Wirren und ihren unmittelbaren Folgen zog er wieder ins Médoc und profitierte nun davon, dass damals viele Güter ihren Besitzer wechselten. Unter Ludwig XVIII. kaufte er 1821 Langoa und 1826 unter Karl V. eine Parzelle von Léoville. Dieses Stück Weinberg wurde zu Léoville-Barton. Es waren keine Gebäude vorhanden, und das blieb auch weiterhin so. Das Wohnhaus dieser gewiss irischsten aller Familien im Médoc stand in Langoa. Dennoch reihte die sakrosankte Klassifizierung den Wein von Léoville in die Gruppe der Seconds Crus ein, während der große Bruder mit dem Rang eines Troisième Cru vorlieb nehmen musste.

Eine unentwirrbare Nachbarschaft: Nicht nur das Haus gehörte zu Langoa, auch der Gär- und Lagerkeller. Also bestand der Besitz von Léoville-Barton eigentlich nur aus einem Weinberg – aber was für einem Weinberg! Der größte Teil davon ist ein Hügelrücken mit idealer Exposition. Geologisch setzt sich der Untergrund aus Lehm und Kalk zusammen. Der Hügelzug liegt übrigens zwischen der Domäne Langoa und der Gemeinde Saint-Julien Beychevelle. Und was den Grand Vin selbst anbelangt: Wie sollte man das verführerische, dunkle Kleid beschreiben, dieses »reiche, konzentrierte Bukett, dass im Mund nicht nachlässt», diese Weichheit und Samtigkeit, »die dank einer guten Tanninstruktur lange anhält, fest und doch ausgeglichen« – um einmal die standardisierten Begriffe der Weinkenner zu verwenden? Wenn es Weine gibt, die sich selbst genügen und die keinerlei Hilfsmittel benötigen, um ihre legendäre Stellung zu festigen, dann gehört dieser ohne Zweifel dazu. Im köstlichen Trunk von Léoville-Barton ist viel mehr als nur eine Spur jener Charaktergestalten enthalten, die angefangen vom alten Hugh bis zum heutigen Anthony dem Wein ihren Stempel aufdrückten. So verbirgt sich in jeder Flasche von Léoville-Barton ein Stück von der Persönlichkeit dieser Iren, die sich vor vielen Generationen an den Ufern der Gironde niederließen. In jeder Barrique ist ein kleiner Teil von ihnen enthalten. M. W.

Hugh Barton (1766–1854), der vierte Sohn William Bartons, ist die große Persönlichkeit der Familie. Er kaufte nach und nach die Domäne Langoa (folgende Doppelseite) und einen Teil von Château Léoville.

CHÂTEAU
DURFORT-VIVENS

Margaux

Einige Zeit vor der Revolution, das heißt lange vor der Klassifizierung 1855, stellte der berühmte Thomas Jefferson während einer Reise durch das Médoc zum Spaß einen Blütenstrauß der Weingüter zusammen. An die erste Stelle setzte er Lafite, Latour und Margaux – worin ihn der Lauf der Geschichte bestätigen sollte – und gleich dahinter Durfort-Vivens, was gleichfalls kein Fehlurteil war. Gut zweihundert Jahre später ist dies ein Ehrentitel für einen Second Cru, der nicht verschwiegen werden sollte. Mit manchen Beurteilungen geht es wie mit Diplomen oder Orden: Auch wenn sie der Realität nichts hinzufügen, gebührt ihnen doch das Verdienst, auf sie aufmerksam zu machen.

Durfort-Vivens entging den Wechselfällen der Geschichte nicht und hat während des 20. Jahrhunderts mehrfach den Besitzer gewechselt. Die Lurtons waren bereits Miteigentümer von Margaux, als dieses 1937 Durfort erwarb. Margaux verkaufte Durfort 1962 an Lucien Lurton.

1992 nahm einer der Söhne Lucien Lurtons, Gonzague, die Geschäfte in die Hand und stattete seit 1995 die Domäne mit leistungsfähiger Technik aus. Bedeutende Investitionen waren nötig, um den Ambitionen des Weinguts gerecht zu werden. Das ist nun geschehen. Erstaunlicherweise verbinden sich nun beste Technik mit traditionellsten Materialien wie dem Holz, das für die großen Fässer und die Barriques verwendet wird, um so besser den unendlichen Reichtum dieses erstaunlich dürftigen Bodens erfassen zu können.

Mancher hätte, bestärkt durch die ersten Erfolge, auf halber Strecke aufgehört. Anders Gonzague. Er kam schlicht zu dem Ergebnis, dass jetzt erst die für einen Neuanfang nötigen Bedingungen geschaffen waren. Seither ist er bestrebt, das alte Renommee und die Vorrangstellung des Hauses wieder herzustellen, was sehr schnell geschah. Es genügt, die Lobeshymnen der nationalen und internationalen Kritik zu lesen, um festzustellen, dass Durfort-Vivens wieder an den Platz zurückgekehrt ist, der ihm jahrhundertelang gebührte.

Die größten Sorgen von Gonzague Lurton und seiner Mannschaft gelten natürlich dem Weinberg. Eine Idee hat sich durchgesetzt: einen Grand Vin zu produzieren, der so

In den frisch geputzten Fliesen des Kellers spiegeln sich zwei Fass-Welten: Holz und Stahl.

genau wie möglich sein Terroir zum Ausdruck bringt, einen Wein, wie man ihn anderswo nicht produzieren kann, einen Wein speziell dieser Gegend, der auch das beste Mittel ist, um die Konkurrenz der so genannten »Weine aus der Neuen Welt« auszuschalten, indem man sie und ihre Philosophie ad absurdum führt. Um das zu erreichen, braucht es absoluten Respekt vor allem, was lebt, und die Erzeugung von harmonischen Schwingungen in nahezu schamanistischer Art.

Daher wird von der Arbeit im Weinberg bis zur Abfüllung alles, was nicht die unnachahmlich sanften Züge menschlicher Handarbeit trägt, auf ein Minimum beschränkt. Für Gonzague Lurton und die Seinen gibt es kein menschlicheres Produkt als Wein. Und sie haben Recht. Die Menschlichkeit der Methoden, der Geräte und Maschinen, der Größenordnungen sogar, wird hier als Alpha und Omega betrachtet. Der Rest ist eine Angelegenheit der Trunkenheit. Die Keltereien und die Lager sind zum Teil neu, aber es herrscht darin schon der vage Geruch des Weines, von dem der Erste unserer Humanisten sagte: »Um wie viel verführerischer, lieblicher, bittender, himmlischer und köstlicher ist er als der des Öls!« A. B.

Das Eckgebäude an der »Route des Vins« (gegenüber) beherbergt eine alte Küferei (Mitte) und verbirgt die neuen Kellereigebäude (oben und unten).

CHÂTEAU
GRUAUD LAROSE

Saint-Julien

Von der Spitze des viereckigen Turms, auf dem die Flagge fröhlich flattert, hat man eine großartige Übersicht über die umfangreiche, zusammenhängende Domäne. Im Herzen der Appellation Saint-Julien stehen hier achtzig Hektar von insgesamt über hundertzwanzig unter Reben. Gut geschnittene Parzellen gruppieren sich um das Château. Sie werden von einer Hagelkanone beschützt, die ein martialisches Krachen von sich gibt. Hier stehen riesige, rationell geplante Wirtschaftsgebäude und ein großartiges, 1875 im Stil und im Geist des 18. Jahrhunderts erbautes klassizistisches Wohnhaus. Und schließlich stoßen wir auf tadellos gepflegte Gärten, wo Rosenbüsche wachsen, um dem nahe liegenden Wortspiel Genüge zu tun. Gruaud Larose präsentiert sich von hier oben aus als exemplarisches Landgut.

Es war ein gewisser Gruaud, der diese Domäne begründete, und sein Neffe Larose verlieh ihr den Adelsbrief. Im Lauf des 19. Jahrhunderts wurde dann der Weinberg in zwei Châteaus aufgeteilt, Gruaud Larose Sarget und Gruaud Larose Faure. 1935 fanden die beiden Teile unter der Leitung der Familie Cordier wieder zusammen. Das mächtige Besitztum weckte später den Appetit der Gruppe Alcatel-Alstom. Sie kaufte es im September 1993. Etwas mehr als drei Jahre danach trennte sich Pierre Suard von dieser etwas zu anspruchsvollen Tänzerin – nicht ohne in der Zwischenzeit viel Geld in die Ausstattung der Domäne investiert und wichtige Arbeiten Künstlern wie dem berühmten Architekten Mazières anvertraut zu haben.

»Der Wein der Könige, der König der Weine« ging im Frühjahr 1997 in den Besitz der Familiengruppe Bernard Taillan Vins über. Jean Merlaut kümmert sich an Ort und Stelle um das Gut. Er ist ein leidenschaftlicher Mann. Seine Kindheit verbrachte er im Médoc, stammt aber ursprünglich aus den Landes. Er vertritt die ruhige Philosophie jener Menschen, die die Dinge in der Größenordnung eines halben Jahrhunderts betrachten, den Rhythmus der Generationen zulassen und die Zufälligkeiten des Klimas und der Marktschwankungen akzeptieren und integrieren. »In dieser Region«, erklärt er, »produzierte man zunächst Holz. Dann ging man zum Getreideanbau über, um die Böden ins

Der große unterirdische Keller erinnert mit seinen vielen niedrigen Säulen an eine alte Krypta.

Gleichgewicht zu bringen. Und dann pflanzte man Reben. Man denkt hier eben sehr langfristig und in manchmal sehr langen Zyklen.«

Der Einfluss von Georges Pauli, dem technischen Leiter der Familie Cordier, stimmt mit den Interessen von Jean Merlaut für den Boden überein. »Das Terroir«, erklärt er uns, »ist nicht einfach eine passive Gegebenheit. Man kann den Boden auch unfruchtbar oder im Gegenteil fruchtbarer machen. Er ist etwas Lebendiges, und man muss ihn die ganze Zeit über begleiten.« Dieser Mann drückt sich in Anspielungen aus. Er besitzt die vorgetäuschte Sanftmut und das wohlwollende Lächeln, dass man sonst bei königlichen Hoheiten findet. Und auch deren Diskretion: »Ich möchte nicht, dass man sagt: An diesem Wein erkennt man die Handschrift von Jean Merlaut. Ganz im Gegenteil. Mir erscheint es als das Geheimnis einer gelungenen Weinbereitung, wenn man vollständig hinter der Frucht verschwindet.« Und zum Abschluss meint er: »Wir arbeiten vor allem an den Pflanzen.«

Im Gärkeller grüßt unser Führer freundlich die Angestellten. Er zieht Betontanks vor, weil sie thermisch träge und neutral sind und Ecken und Winkel haben, die die zufallsbedingten Bewegungen der gärenden Maische begünstigen. Im Lagerkeller, der aus schönen Räumen mit Flachbögen besteht, legt er besonderen Wert auf die Herkunft der Eichen, aus denen die Barriques hergestellt werden. »Es gibt Terroirs für das Holz, wie es sie für die Reben gibt. Die Bodenqualität beeinflusst zwangsläufig auch den Geschmack. Auch in dieser Hinsicht arbeiten wir.« Doch insgesamt steht für den Humanisten, wie Jean Merlaut einer ist, der menschliche Faktor im Vordergrund. »Der Wein beruht auf geselligem Austausch. Es ist ganz wichtig, dass wir unsere Leidenschaft der ganzen Mannschaft mitteilen. Wir verbinden die persönliche Motivation mit Mechanismen der Selbstkontrolle. Sie begünstigen das Engagement jedes Einzelnen und die Aufteilung der Verantwortung. Über den ganzen Rest kann man diskutieren, angefangen vom Terroir. Weitaus am Wichtigsten ist aber der Mensch. Von seinem guten Willen hängt direkt die Qualität des Weines ab.« M. W.

Das von Wachtürmen flankierte Gebäude im nachempfundenen Louis-seize-Stil (gegenüber) verfügt über elegante Salons in verschiedenen Stilrichtungen (oben). Das Ausmaß der Keller und der übrigen Gebäude entspricht der Bedeutung des Gutes (Mitte und unten).

CHÂTEAU LASCOMBES

Margaux

Lascombes steht zwischen zwei Epochen. Ist es zu spät, die einst außergewöhnliche und heute doch etwas verschlafenene Domäne zu rühmen, oder zu früh, die immensen Anstrengungen der jüngsten Zeit zu loben, mit denen man diesem Besitztum seinen früheren Glanz wiedergeben will? Sicher ist, dass Lascombes sich in einer Phase der Erneuerung befindet. Und sie wird die Kraft geben, um wieder in den Vordergrund treten zu können.

Die wundervolle Domäne nimmt die besten Lagen der Appellation Margaux ein. Seit ihrer Gründung durch den Chevalier de Lascombes im 17. Jahrhundert produzierte sie zahlreiche bewundernswerte Jahrgänge. »Die Weine sind von derart hoher Qualität, dass sie mit dem Château Margaux rivalisieren können«, konnte man in einer Fachzeitschrift aus dem Jahr 1938 lesen. Es erstaunt somit nicht, wenn Lascombes in der Klassifizierung von 1855 unter die Seconds Crus eingereiht wurde. Der Wohnsitz, der heute noch das Etikett schmückt, wurde im Auftrag des Präsidenten der Bordelaiser Anwaltskammer Chaix d'Est Ange zwölf Jahre danach erbaut.

Lascombes hielt sich ganz vorne in der Reihe der Médoc-Güter. Diese örtlichen Gegebenheiten, dieser Rang und diese Bekanntheit konnten nur eine Persönlichkeit wie Alexis Lichine interessieren. Schnell überzeugte er einige seiner reichen Freunde von jenseits des Atlantiks – darunter David Rockefeller –, ihm beim Kauf zu helfen. So kam es zur Wiedergeburt eines großen Weines, der in den Vereinigten Staaten zu einem »Must« wurde. Sein Ruf erreichte in den 1950er und vor allem in den 1960er Jahren den Höhepunkt. 1971 bahnte sich ein Abstieg an: Der neue Eigentümer, der britische Brauer Bass-Charrington, verstand nichts von den Subtilitäten des Weines. Bald ging es nur noch darum, die Rendite zu steigern. 1986 wurde ein imposanter Keller mit dreißig thermoregulierten Gärtanks gebaut, der sich zu einer Art Attraktion für den Weintourismus entwickelte. Doch das reichte nicht aus.

Im April 2001 gelangte ein amerikanischer Investmentfonds, Colony Capital, in den Besitz dieses Schneewittchens. Es begannen ungeheure Umbauarbeiten sowohl im vierundachtzig Hektar umfassenden Weinberg, der völ-

Der helle, futuristische Lagerkeller ist Vorbild für eine neue Generation von Kellereigebäuden.

lig neu gestaltet wurde, wie im Keller, wo innerhalb weniger Monate ultramoderne Gebäude entstanden, die heute ohne Zweifel zu den spektakulärsten der ganzen Region gehören. Der Önologe Michel Rolland verlieh dem Ganzen neuen Schwung und erklärte gegenüber der Presse: »Ich will nicht die typischen Eigenschaften des Margaux aufgeben, sondern einen großen Margaux produzieren.« Die Finanzmittel sind praktisch unbegrenzt vorhanden, aber es gibt keine schnellen Erfolge… Geduld!

Geduld ist eine der Haupteigenschaften der neuen Mannschaft, der man Stärke und Erneuerungswillen nicht absprechen kann. Präsident Sébastien Bazin, Generaldirektor Dominique Befve und der für die Qualität verantwortliche Delphine Barboux stützen sich auf eine über dreihundertjährige Tradition sowie auf die erst kürzlich getätigten umfangreichen Investitionen. So haben sie diesem Wein mit einer Jahresproduktion von zweihundertfünfzigtausend Flaschen die Stellung zurückgegeben, die ihm unter den großen Weinen der Appellation gebührt. Die Kollegen und die Presse feiern zu Recht die Rückkehr Lascombes' an die Spitze und erkennen die samtige und konzentrierte Struktur an, die die großen Margaux-Weine ausmacht. M. W.

Wie ein altes Kloster ist das Gutshaus von Weinreben bedeckt (gegenüber). Drinnen finden sich hübsche Salons (Mitte) und einige Kunstwerke (unten rechts). Die wunderbaren Schmiedeeisenarbeiten des Tores (unten links) sind künstlerisches Element auf dem Etikett des Grand Vin (oben links), hier einer Flasche des Jahrgangs 1932 aus dem Allerheiligsten.

CHÂTEAU BRANE-CANTENAC

Margaux

Zur Zeit der Julimonarchie war der Baron Hector de Brane einer der dynamischsten Besitzer im Médoc. Sagte man damals nicht, um die glückliche Zeit der Frühjahrsblüte zu kennzeichnen: »Der Baron de Brane sticht seinen Wein ab»? Und, was noch aussagekräftiger ist: Seine Mitstreiter gaben ihm den gut gemeinten Spitznamen »Napoleon der Reben«. Dass ein solcher Mann ein Besitztum wie Mouton – das künftige Mouton Rothschild – ganz bewußt abgegeben hat, um sich dem Weingut Gorce (auch Gorse geschrieben) zu widmen, zeigt uns deutlich, was für einen Ruf diese Lage zu jener Zeit, im Jahr 1833, genoss. Fünf Jahre darauf ließ der Baron die Fachpresse wissen, »dass der Name Gorce in Bordeaux und im Ausland ebenso wie Brane hochgeschätzt werde. Wie dem auch sei, zu Recht oder zu Unrecht, aus Schwäche oder Stolz, ich habe Vertrauen in meinen Namen und ich möchte mit ihrer Hilfe die Bezeichnung Gorce langsam durch Brane-Cantenac ersetzen«.

So entstand einer der prestigeträchtigsten Namen der Klassifizierung von 1855. Ohne Umschweife wurde er den Seconds Crus zugewiesen. Das Gut ging zu Ende des Zweiten Kaiserreichs in den Besitz der Familie Berger über, wuchs weiter und wurde immer schöner. Man verstand es, das Beste aus diesem außergewöhnlichen Terroir mit seinen günzeiszeitlichen Schottern, die die Garonne abgelagert hatte, herauszuholen. Die Preise der Weine erreichten zu Beginn des folgenden Jahrhunderts die Spitzenwerte der großen Bordeaux.

Der heutige Besitzer unterstreicht mit Nachdruck die Rolle, die der Erste Weltkrieg bei der Besitzübertragung der alten Weingüter gespielt hatte. Viele Domänen wechselten kurz nach dem Krieg den Besitzer, und auch Brane-Cantenac gehörte dazu. Léonce Récapet und sein Schwiegersohn François Lurton, die das Gut von 1922 an übernahmen, gehörten damals zu den Hauptaktionären des Château Margaux. Lucien Lurton erbte den Besitz 1956, im Jahr des berüchtigten schweren Frostes. Wie so oft erwies sich diese scheinbare Katastrophe als Segen: Sie gab dem gesamten Médoc die Gelegenheit zu einem Neuanfang. Lucien Lurton machte aus Brane-Cantenac das Flaggschiff seiner

Über die grundlegende Erneuerung und Modernisierung des gesamten Weinguts seit Anfang der 1980er Jahre ließe sich ein ganzes Buch schreiben. Die neuen Büros sind hierfür ein gutes Beispiel.

Flotte, zu der beispielsweise auch Durfort-Vivens und Desmirail zählten. War Lucien Lurton mit seinem Bruder André nicht der Inbegriff unternehmerisch denkender Gutsbesitzer unter den »Dreißig Glorreichen«? Dass man sich da nicht zu sehr täuscht: Wie sein Sohn Henri unterstreicht, der das Gut seit 1992 leitet, galt es in der Mitte der 1950er Jahre keinesfalls als Privileg, Brane-Cantenac bei der Erbteilung zu erhalten.

Auf einen Aspekt legt Henri Lurton heute ganz besonderen Wert: die Rebe. Detaillierte Bodenuntersuchungen ermöglichten es, jede Parzelle bis in die Tiefe kennen zu lernen und das Beste aus ihr herauszuholen. Die Weinbereitung ist natürlich hoch innovativ, kommt aber stets an zweiter Stelle. In den Augen der heutigen Verantwortlichen ist es wichtig, dass die Technik nicht die Oberhand gewinnt über das Terroir. »Es geht darum, das bestmögliche Produkt in Wein zu verwandeln«, betont Henri Lurton uns gegenüber. »Doch das Wichtigste dabei ruht im Boden. Er liefert uns das Ausgangsmaterial.«

Da kann es nicht erstaunen, dass Brane-Cantenac heutzutage zu jenen großen Weinen zählt, die die subtilen, eleganten Eigenschaften und besonders die aromatischen Qualitäten der Appellation Margaux am besten zum Ausdruck bringen. Die heutigen Besitzer respektieren das, was der Boden ihrem einzigartigen Wein mitgibt, und sie sind der Wahl würdig, die der »Napoleon der Reben« vor langer Zeit einmal getroffen hat. M. W.

Hier ist es dem Fotografen gelungen, die besondere Atmosphäre des Kellers mit seinen Barriquefässern einzufangen (gegenüber). Der Rest des Gutes ist von eher irdischer Natur: funktionelle Gebäude mit hübschem Steinmuster (links), aus deren Mitte sich das Schloss erhebt.

CHÂTEAU
PICHON-LONGUEVILLE

Pauillac

In der Mitte des 19. Jahrhunderts teilte der Baron de Longueville seinen Besitz unter seinen Nachkommen auf. Seine Söhne erbten die zwei Fünftel, die heute die Rebfläche des Weinguts Château Pichon-Longueville bilden. Seit sehr langer Zeit gedeiht hier ein gleich bleibend hochwertiger Second Cru Classé.

Mit der Erbteilung begann ein fast hundert Jahre dauernder Wettstreit mit der »feindlichen Schwester«, dem Château Comtesse de Lalande. Zu Beginn der 1980er Jahre suchte das in die Jahre gekommene »Schiff« einen engagierten Kapitän, der es wieder flott machen sollte. Mit anderen Worten, es wurde ein Investor gesucht, der das Gut wieder zu dem machen sollte, was es früher einmal war. Die französische Versicherungsgesellschaft AXA nahm sich dieser Aufgabe an und machte Pichon-Longueville zum Vorzeigeobjekt ihrer Weingüter. Als Berater wurde Jean-Michel Cazes eingesetzt.

Aber nicht nur der Wechsel an der Spitze hinterließ seine Spuren. Château Pichon-Longueville musste sich von Grund auf verändern, ohne dabei seinen historischen Charakter preiszugeben. Im Jahr 1986 wurde anlässlich der Erneuerung der technischen Anlagen ein Architekturwettbewerb ausgeschrieben. Federführend bei diesem Wettbewerb war das Centre Georges Pompidou, an dessen Spitze damals Jean Deuthier stand.

Der ausgewählte Entwurf war ebenso kühn wie von schlichter Sachlichkeit. Er verbindet die architektonische Herausforderung der Neuzeit mit dem Respekt vor dem Erbe des 19. Jahrhunderts. Das Schloss wurde in seiner Substanz erhalten und vollständig renoviert. Wie ein etwas altmodisches Schmuckstück in einer zeitgemäßen Fassung wird es von der modernen Architektur umrahmt, aber nicht erdrückt.

Der vom alten Ägypten inspirierte lang gestreckte Bau liegt in Teilen unter der Erde. Umgeben wird er von künstlich angelegten Wasserbecken. Hinter den mit Ornamenten geschmückten Wänden verbergen sich Fasskeller und Verkaufsräume. Der runde, von sich verjüngenden Säulen umrahmte Keller ist einerseits ein Augenzwinkern in Richtung Château Mouton Rothschild, gibt zum anderen aber eine

Im rechteckigen Wasserbecken im Zentrum des Innenhofs spiegelt sich die Renaissance-Architektur der Fassade.

mutige Antwort auf funktionelle Zwänge. Der Bau ist nicht unumstritten, doch wichtiger als ungeteilter Beifall ist das Bestreben des franko-amerikanischen Architektenduos Jean de Gastine und Patrick Dillon, ein vom Gesamtbild eher schlichtes Gebäude zu entwerfen, das sich in die vorhandene Bausubstanz integriert.

Die Zielrichtung der Architekten stimmt mit der Philosophie des derzeitigen Direktors des Châteaus überein. Christian Seely ist sich bewusst, dass er nur für eine begrenzte Zeit Verwalter eines kulturellen Erbes ist, »das bereits lange vor uns bestand und uns noch lange überdauern wird«. Dieser besonnene Mann versucht deshalb, das in den Vordergrund zu stellen, was er für das Wesentliche hält: das Terroir. »Ein Grand Cru verdankt seine Klasse dem Boden«, lautet sein Credo. »Unsere Aufgabe ist es, dafür zu sorgen, dass der Boden seine Kraft entfalten kann, ohne ihn auszubeuten.«

Diese Überlegungen sind die Grundlage für die auf Château Pichon-Longueville vorherrschende Maxime: Respekt gegenüber der Natur, Respekt gegenüber den Trauben, Respekt gegenüber der Zeit. Stolz ist man in Pichon-Longueville auch auf die ISO 14001-Zertifizierung, die man als eines der ersten Weingüter in der Region erworben hat. Die Weinbauern sehen diese Auszeichnung weniger als Lohn für die exakte Einhaltung der Vorschriften und Normen, sondern vielmehr als Anerkennung für die besondere Sorgfalt, mit der sie den Weinberg bewirtschaften, ihren Weinberg, den sie hegen und pflegen, ihren Weinberg, den sie lieben. I. I.

Der berühmte Fasskeller mit Rotonde (gegenüber) mit ägyptisierenden Elementen sind der Kühnheit des Architektenduos Dillon und de Gastine zu verdanken.

CHÂTEAU
PICHON LONGUEVILLE COMTESSE DE LALANDE

Pauillac

In der hauptsächlich von Männern geprägten Landschaft der großen Bordeaux-Weine sorgt diese Domäne für den weiblichen Akzent. Hier trägt alles eine feminine Handschrift: der heiter wirkende Duftgarten mit Lorbeerbüschen, Rosen und Zypressen und das elegante, vom Stadtpalais der Familie Lalande inspirierte Schloss, in dem sich in Pastellfarben gehaltene Salons aneinander reihen. Ihre Wände schmücken Gemälde von gebirgigen Landschaften und Porträts, dazwischen hängen mit leichter Hand gemalte romantische Bilder eines talentierten Vorfahren.

Es waren die Frauen, die den Wein dieses Guts zu einem Second Cru Classé gemacht haben und natürlich haben sie alles etwas anders gemacht.

Am Anfang der Geschichte steht die Tochter von Pierre de Rauzan. Durch ihre Eheschließung im Jahre 1694 mit einem gewissen Jacques de Pichon, Baron de Longueville, gebührt ihr das Verdienst, dem Schloss seinen Namen gegeben zu haben. Den Grundstein für den Erfolg des Weingutes jedoch legte ein Mann: Joseph de Pichon. Seine in vielen Jahren gewonnene Erfahrung und sein hoher Anspruch ließen ihn Außergewöhnliches vollbringen. Als er 1850 im Alter von hundert Jahren starb, wurde sein Besitz unter seinen Kindern aufgeteilt; zwei Fünftel gingen an seine Söhne, drei Fünftel an seine Töchter. Die jüngste und zielstrebigste unter ihnen war Virginie, verheiratete Comtesse de Lalande, die die Anteile ihrer Schwestern übernahm und damit den Grundstein für das zweite der beiden Châteaus Pichon-Longueville legte.

Die Comtesse war eine außergewöhnliche Frau. Ihren herausragenden Fähigkeiten verdankt das neu entstandene Weingut seine Aufnahme in die Klassifizierung von 1855. Von 1850 bis 1882 arbeitete sie unaufhörlich daran, ihr Gut zu einem der Besten des Landes zu machen. »Ich möchte einen unvergesslichen Wein hinterlassen«, pflegte sie nicht ohne Stolz zu sagen. In der Tat prägte die »Queen Victoria des Médoc« das Ansehen des Schlosses nachhaltig. Es blieb bis heute »ihr Schloss«, nicht einmal das Mobiliar wurde ausgetauscht.

Bis zur schweren Krise in den 1920er Jahren blieb das Weingut in der Familie. Im Jahr 1925 wurde es an die

Wie das Stadtpalais der Familie Lalande schmückt auch das Château ein auffälliger Treppenturm.

Gebrüder Miailhe verkauft. War das Schloss jetzt etwa doch den Männern in die Hände gefallen? Wenn ja, dann nur für kurze Zeit, denn heute steht mit der energischen und tatkräftigen May-Eliane de Loncquesaing wieder eine Frau für den Erfolg des Weinguts. Ihr Vater war einer der damaligen Käufer; sie übernahm 1978 die Führung.

Die Erbin von Miailhe ist eine markante Erscheinung, die die Interessen ihres Gutes mit dem Charme und der Tatkraft einer Generalsgattin zu verteidigen weiß. »Kennen Sie schon den Blick von der großen Terrasse?« Ihr kleiner King-Charles-Spaniel kläfft begeistert, wenn sie den Besuchern alle grundlegenden Neuerungen aufzählt, die sie in den vergangenen zwanzig Jahren vorgenommen hat.

Bewunderer aus der ganzen Welt strömen in ihr Schloss. Bei ihren Gegenbesuchen quer über den Globus, ob in Neuseeland, Hongkong, Korea oder auf den Philippinen, erweist sich May-Eliane Loncquesaing als würdige Nachfolgerin der Comtesse. Sie erfüllt ihre anstrengende, aber erfüllende Aufgabe stets mit einem Lächeln und in perfektem Englisch. Aus ihrer Feder stammt ein Wein-Märchen mit dem Titel *Ich bin lebendig, sagt der Wein*, und gemeinsam mit ihrem Neffen Gildas d'Ollone geht sie der Frage nach, wie man den Menschen noch besser vermitteln kann, dass der Wein den Menschen dem Himmel näher bringt. Beide organisieren sie auch in dem von ihr gegründeten Institut für die Geschichte der Glaskunst beeindruckende Ausstellungen zeitgenössischer Glaskünstler. Wein und Glas – die Partnerschaft stimmt: Beide sind transparent, sensibel und ein Risiko wert! I. I.

Der feminine Charme des Châteaus zeigt sich in den Salons (oben), in der Glassammlung (Mitte und gegenüber) und auch in der großen Terrasse mit Aussicht auf Château Latour (unten).

CHÂTEAU
DUCRU-BEAUCAILLOU

Saint-Julien

Hier herrscht Ausgewogenheit. Die Reinheit, die Genauigkeit und das Über-sich-selbst-Hinauswachsen, die in den Broschüren gefordert werden, sind Kleinigkeiten im Vergleich zu diesem hohen, allem innewohnenden Streben nach der Mitte. Der Standort ist dazu auch überaus geeignet. Auf halbem Weg zwischen dem Ort Beychevelle und dem Bett der Gironde entstand dieses Weingut zwischen Wolken und Schwemmland auf einer Kuppe aus grobem Tertiärgestein, das ideal für perfekte Reifeprozesse ist. Die Terrasse ist wegen des traumhaften Ausblicks auf »den Fluss« und ihrer Lage am Rande des Plateaus von Saint-Julien eines der Aushängeschilder des Bordelais. Die wechselnden Blauschattierungen hinter alten, seltenen Bäumen und jenseits von unsicheren Sumpflandschaften verleihen dem Horizont diese anrührende Note, welche die wahre landschaftliche Schönheit von Flussmündungen ausmacht.

Ducru-Beaucaillou. Der Name mag zwar seltsam klingen, ist aber völlig logisch. Die *beaux cailloux,* schöne Kiesel, sind runde, flache, gleichmäßige Kieselsteine von ungewöhnlicher Größe, die unter den alten (fast vierzig Jahre) und dicht gesetzten (zehntausend pro Hektar) Weinstöcken zu Tage treten. Ducru ist hingegen der Name der Familie, die kurz nach der Französischen Revolution ein als zu steinig geltendes Landgut erwarb und im Kampf gegen Wind und Gezeiten daraus ein schönes Weingut schuf.

Alle Nachfolger waren seither bestrebt, aus den Tiefen dieses Bodens die Quintessenz eines Grand Vin aus dem Médoc herauszuholen, einen Archetyp zu kreieren und ihm schließlich den Ruf des »vollendetsten Weines des Bordeaux« zu verschaffen. Die berühmten Händler Johnston – der Name ist französisch auszusprechen – werden wohl mit ihren Bemühungen nicht gegeizt haben, denn wenn dieser große Second Cru zugleich mollig und mächtig, rund und fett und darüber hinaus noch überaus wohlschmeckend ist, so ist dies zunächst ihrer Erkenntnis zu verdanken.

Ebenfalls den Johnstons sind die beiderseits des eleganten Schlösschens im Stil der Restaurationszeit angeordneten symmetrischen Pavillons in Form von viereckigen romantischen Türmen zu verdanken, die man als viktorianisch bezeichnet, die aber viel eher an den Protz eines reich gewordenen Kleinstädters denken lassen. Die neuen Fasskeller, die

Der große Salon hat sein schönes Dekor mit Holzvertäfelungen und Wandteppichen des 19. Jahrhunderts bewahrt.

CHATEAU
DUCRU-BEAUCAIL
SAINT-JULIEN
1883
891
1886
1877
1890
1887

teilweise unter einer Geländestufe verborgen und die von einer vom Architekten Alain Triaud in die Fundamente des Hauses eingelassenen und mit Gras bewachsenen Rampe bedeckt sind, bilden einen schmucklosen Kontrapunkt zu den bombastischen Überresten eines goldenen Zeitalters.

Heute praktiziert der Verwalter Bruno Borie eine Form von Stoizismus, die ein Erbe der vierten Generation offenkundig für richtig hält. Ohne etwas zu beweisen zu müssen, weiß er nämlich gut, dass man ihm kein Nachlassen durchgehen lässt. Er ist seit kurzer Zeit persönlich am Ruder und möchte seinen Teil zum Gelingen des Werkes ruhig, ohne Fehler und mit der Gutmütigkeit dessen beitragen, der sich für die auf ihn zukommenden Kämpfe gewappnet weiß.

Ein Hauch von britischem Humor färbt die Bemerkungen dieses Anhängers von Unterstatement, der die Engländer bewundert, weil sie alle Raffinessen dieser Welt unter einen Hut zu bringen wussten, und er erklärt in einem Anflug von Neid, dass »große Weine niemals so gut schmecken wie in einem Club in Pall Mall«. Alles verläuft so, als ob er über die Lektion von Albion Betrachtungen angestellt hätte und nur darauf abzielte, seinen Nektar in eine Kette einzureihen, die von herausragender Qualität und Tradition lebt. »Aufgrund der Zeitspannen, die uns die Natur auferlegt, sind wir in der Lage, im Médoc für die kommende Generation zu arbeiten. Genau dies lässt einen Mann an der Schwelle zur Rente beim Gedanken an die Pflanzung eines Rebstocks, der erst in zehn oder fünfzehn Jahren schöne Früchte tragen wird, noch Aufregung empfinden.« So sehen sich Bruno und die Seinen vor allem als Geburtshelfer für ein Potential, das die Basis ihrer Gewissheit bildet. »Was man 1855 klassifiziert hat, ist nur die Fähigkeit, gut zu arbeiten. Es liegt an uns, das Beste daraus zu machen.«

Die Bäume unterhalb der Terrasse wiegen sich. Es besteht kein Zweifel, dass jene, die es leid sind, im Wettstreit der Grands Crus nur ein ständiges wechselseitiges Überbieten festzustellen, hier erleichtert bemerken werden, dass größtmögliche Exzellenz weniger an der Spitze als in der Mitte zu suchen ist, und dass Perfektion, wenn es eine gibt, nur durch Maß und Ziel, die Bedingungen für Harmonie, erreicht wird. M. S.

Der Flaschenkeller (gegenüber) und der Fasskeller (Mitte) fügen sich in eine kühne Architektur (unten) ein, die sich von den älteren Gebäuden (oben) abhebt.

CHÂTEAU
COS D'ESTOURNEL

Saint-Estèphe

»Gehen Sie vor bis zu dem Elefanten, die Tür öffnet sich dann automatisch.« Hat der Besucher dieses Sesam-öffne-dich erst einmal passiert, findet er sich in einem indischen Basar mitten im Médoc wieder. Aus Sansibar stammende Eichenportale, Palmen, bemalte Keramikkacheln im Kolonialstil und vor allem die Pagodendächer der Schlosstürme schaffen eine ebenso einladende wie in diesen Breiten unerwartete exotische Atmosphäre. Bei Sonnenschein sieht die Anlage bezaubernd aus, aber auch schlechtes Wetter steht ihr gut. Dann wirkt sie weniger unwirklich, ja, fast rührend. Im Médoc heißt es: »Cos d'Estournel mag wie ein orientalisches Lustschloss aussehen, dahinter verbirgt sich jedoch ein großartiges Weingut.« Und Stendhal schrieb nonchalant: »Es macht einen heiteren Eindruck und wirkt recht asiatisch.«

Biarnez, der Poet des Médoc, widmete dem Schloss folgenden Vers:

An seinen Hängen die Minarette ragen
Hinauf bis in den Himmel über orientalischen Fassaden.
Stolz sind die Herrscher über dieses Juwel,
das ist Cos d'Estournel.

In der ersten Hälfte des 19. Jahrhunderts übernahm Louis-Gaspard d'Estournel das Weingut. Er war nicht nur ein vom Glück begünstigter Dandy, der seine Mitmenschen immer wieder aufs Neue zu verblüffen wusste, er war überdies sehr reiselustig. Die Gebäude, die er als Referenz an seine Reiseziele auf dem Felsvorsprung in Sichtweite des Château Lafite errichten ließ, gefallen sicherlich nicht jedem. Sie gehören aber noch heute zu den Sehenswürdigkeiten des Médoc und machen Cos d'Estournel auch über die Grenzen der Region hinaus bekannt. Was ästhetische Ambitionen angeht, stehen die Prats, die das Gut seit dem Ersten Weltkrieg führen, ihren Vorgängern in nichts nach. Das wird bereits am Besucherprospekt deutlich. In einer an ein Portefeuille erinnernden, eleganten, roten Mappe stecken ein mit großer Sorgfalt gestalteter Faltprospekt über die Gravurtechnik der Etiketten, eine mit Aquarellen geschmückte Chronik des Weinguts und einige prächtige Fotografien, nicht zu vergessen eine Art Erinnerungsalbum mit Porträts von Weinbauern und ein zweites, das Indien gewidmet ist. Die gelungene Gesamtgestaltung trägt die Handschrift Jean-Marie Prats. Das Spektrum seines Wir-

Ausgesuchte Ästhetik und Geschmack
im Detail reichen bis in den Degustationsraum.

kens reicht von Barriquefässern aus hellem Holz, die sich schimmernd von den dunklen Wänden des Fasskellers abheben, über das »Museum«, in dem sich Weine aus berühmten Médoc-Schlössern befinden, bis hin zum Cos d'Estournel-Seidenschal. Die stilvolle Umgebung lässt fast den Herrn im Hause, den Grand Vin de Saint-Estèphe, der 1855 als Second Cru Classé klassifiziert wurde, in den Hintergrund treten. Bereits Napoleon III., Königin Victoria und der russische Zar gehörten zu den Liebhabern dieses erlesenen Weines. Bruno Prats, der Bruder von Jean-Marie, arbeitet seit Jahren daran, das Niveau dieses edlen Tropfens zu halten und nach Möglichkeit noch zu steigern. Der Cos d'Estournel zeichnet sich durch einen runden, harmonischen Geschmack mit einem Hauch Exotik aus. Er ist reich an Tanninen, aber weich im Geschmack, mit Aromen von Früchten, Gewürzen und Schokolade.

Im Jahr 2000 schließlich haben die Prats aufgegeben. Aber der neue Eigentümer Michel Reybier hat einen gewissen Jean-Guillaume Prats am Ruder belassen, der auf den Spuren seiner Väter wandelt. »Der Apfel fällt nicht weit vom Stamm«, heißt es, und nur auf diese Weise kann es den großen Weingütern gelingen, ihre Kontinuität zu bewahren. Heißt die Devise des Château nicht *Semper fidelis*? I. I.

Ein Hauch Exotik liegt über diesem Gut mitten in den Weinbergen von Saint-Estèphe. Märchenhafte Pagodendächer (gegenüber) und kunstvolle Verzierungen schmücken die Schlosstürme (links). Selbst der Keller mit den Barriquefässern weiß, sich in Szene zu setzen (Mitte).

CHÂTEAU
MONTROSE

Saint-Estèphe

Woher stammt eigentlich der Name? Und woher dieser große Metallmast? Und was haben die Straßenschilder an den Ecken der Häuser zu bedeuten? Jean-Louis Charmolüe, der Besitzer des Guts, beantwortet all diese Fragen mit Begeisterung.

Seinen Namen verdankt das Weingut dem blassrosa Heidekraut, das einst an seinen Hängen wuchs. *Si non è vero*... Der Eiffelturm im Miniaturformat, von dem heute die französische Flagge vor dem aquitanischen Himmel weht, trug zu den Zeiten der großen Reblausplage ein Windrad, das eine Wasserpumpe antrieb. Was die blau-weißen Straßenschilder angeht, so hat sie Jean-Louis Charmolüe selbst angebracht, denn er wollte damit unterstreichen, dass für ihn sein vorbildlicher Weinbaubetrieb ein eigenes kleines Dorf ist, mit Gässchen, engen Plätzen und mit Straßen, die von den Häusern der Arbeiter und von kleinen Werkstätten gesäumt sind. Die Straßen tragen die Namen berühmter Vorbesitzer, angefangen mit der Familie Dumoulin, wie es sich gehört.

Es waren eben jene Dumoulins, die unter Louis XVI. das Land von Nicholas-Alexandre de Ségur erworben und dort zur Restaurationszeit ein hübsches kleines Schloss im neoklassizistischen Stil errichtet hatten. Sie ließen auch den ersten Weinberg anlegen, der bereits nach kurzer Zeit einen erlesenen Wein hervorbrachte, der bei der Klassifikation von 1855 in die Gruppe der Seconds Crus Classés eingestuft wurde. Am Ende des Zweiten Kaiserreichs kaufte die elsässische Familie Dollfus das viel versprechende Gut und baute die technischen Anlagen aus. In der Belle Époque ging es auf die Familie Charmolüe über, die seine Geschicke nun seit mehr als einem Jahrhundert führt.

Die Charmolües sind eine ursprünglich aus Noyon und Compiègne stammende Kaufmannsfamilie, bei der sich Ernsthaftigkeit, Disziplin und Sinn für Ausgewogenheit mit Pioniergeist paaren. Jean-Louis Charmolüe hat bereits 1960 die Leitung des Châteaus mit übernommen, seit 1977 steht er allein an der Spitze. Seine Entscheidungen sind von Kontinuität, langfristiger Planung, aber auch von Flexibilität geprägt. Sein Nachfolger wird es einmal schwer haben, seine Leistungen zu erreichen oder gar noch zu übertreffen. Der Weinberg selbst umfasst mehr als sechzig Hektar zusammenhängende Fläche, die in Parzellen aufgeteilt

Wie der Ausguck am Mast eines Segelschiffs thront der Miniatur-Eiffelturm über der Halbinsel und dem Mündungstrichter der Gironde. Das Windrad ist ein Wahrzeichen der Domäne.

sind und durch breite, gerade Alleen begrenzt werden. Ihn zeichnen eine Reihe besonderer Eigenschaften aus. Die unmittelbare Nähe zur Gironde-Mündung schützt seine Rebstöcke fast vollständig vor Frost und der grobkörnige Kiesboden sorgt ähnlich wie bei Château Latour für fast ideale Wachstumsbedingungen. Der Weinberg breitet sich terrassenförmig am Ufer der Gironde aus. Die Rebstöcke stehen wie beim großen Nachbarn in Nord-Süd-Richtung, wodurch die Sonneneinstrahlung optimal genutzt wird. Jean-Louis und Anne-Marie Charmolüe sind der Tradition verbunden. So verleihen liebevoll gepflegte Pferdefuhrwerke dem Gut einen Hauch von Nostalgie. Auf der anderen Seite sind sie jedoch auch technischen Innovationen durchaus aufgeschlossen. Die gerade eingeweihten Kelleranlagen sind auf dem neuesten technischen Stand. Dies beweist, dass seine Besitzer entschlossen sind, zukunftsorientiert zu denken und zu handeln.

Kein Wunder also, dass der Grand Vin von Montrose die Kenner jedes Jahr aufs Neue durch seine unnachahmliche Qualität überzeugt und dass ihn selbst strengste Kritiker für einen der besten Weine seiner Güteklasse halten. I. I.

Das Familienwappen der Charmolües schmückt die Rückwand des Fasskellers (gegenüber) und auch das Etikett des Grand Vin (rechts). Eine Säulenvorhalle verleiht dem Schlossgebäude (Mitte) besondere Eleganz.

CHATEAU MONTROSE

3

Château Kirwan

Château d'Issan

Château Lagrange

Château Langoa Barton

Château Giscours

Château Malescot Saint-Exupéry

Château Boyd-Cantenac

Château Cantenac Brown

Château Palmer

Château La Lagune

Château Desmirail

Château Calon Ségur

Château Ferrière

Château Marquis d'Alesme Becker

CHÂTEAU
KIRWAN

Margaux

Nostalgie klingt in der Stimme von Nathalie Schÿler mit, wenn sie von den Weinlesen ihrer Kindheit erzählt. Man sieht die Pferde, an deren schweren Schritt sie sich erinnert, dann fast genauso vor sich, und auch die von reifen Trauben überbordenden Karren. Man hört die Erntehelfer aus Spanien lachen und singen, die man mehr schlecht als recht unterbringen konnte. Das war früher, als das Gut noch Kühe besaß und – wie Trianon – seine eigene Milch produzierte. Heute würde ein Liter Milch mehr Gewinn abwerfen als damals eine Flasche Grand Vin. Schließlich schickte man die Kühe auf die Wiesen zurück, und die Pferde und die ganze Folklore mit dazu. Es bleiben nur zarte Erinnerungen und der Wille der drei Schÿler-Kinder, die Dinge richtig zu machen.

Das war gestern. Seit jener Zeit ist das Haus der Familie stets bewohnt, mindestens in der warmen Jahreszeit, und die Schÿlers achten darauf, dass die Zeit ihrem Besitz nichts anhaben kann. Der hübsche Park ist bestens gepflegt, ebenso das erst kürzlich errichtete Treibhaus. Beide erscheinen wie geschaffen für die Vergnügungen einer anderen Epoche. Und der lange mit Kletterrosen bewachsene Laubengang erinnert unwiderstehlich an die schöne Zeit, in der Strohhüte mit langen Ripsbändern und Schaukeln in Mode waren.

Doch auch durch Kirwan weht ein neuer Wind. Das Gut verfügt über modernste Einrichtungen zur Weinbereitung und Lagerung. Die Erfahrungen der Vergangenheit dienten als bindende Richtschnur für die neuen Investitionen und trugen ihren Teil zum Fortschritt bei. Das bedeutet aber keineswegs, dass die neue Generation bestimmte Eigenheiten dieses Cru einfach als unsinnig abgetan hätte. Ein Zehntel der Parzellen ist noch für die subtile und doch launische Rebsorte Petit Verdot reserviert. »Das war eines der Steckenpferde meines Vaters [Jean-Henri Schÿler]«, gesteht Natalie, »seine persönliche Note. Aber gerade dieser Rebsorte verdanken wir in gewissen Jahren unsere besten Weine.«

Die Rebfläche von Château Kirwan umfasst fünfunddreißig Hektar und damit ungefähr dieselbe Fläche wie 1855. Das Zentrum erhebt sich mehr als zwanzig Meter über das Plateau von Cantenac. Dieses Terroir liegt somit in

Um hier Besucher empfangen zu können, wurden die alten Keller komplett renoviert.

bester Exposition. Es garantiert diesem ersten der Troisièmes Crus jene Eleganz und Rundheit, die die Liebhaber auch außerhalb Frankreichs so schätzen und besonders in den Weinen der Appellation Margaux suchen.

Die Familie hält den Ruf ihres Châteaus auch außerhalb der französischen Grenzen hoch. Die Öffnung zur Welt ist den Schÿlers zur zweiten Natur geworden. Natürlich hat die Handelsfirma Schröder et Schÿler, die seit 1739 in Bordeaux besteht, ihren Anteil daran. Noch heute werden am Familientisch mehrere Sprachen gesprochen. Die Verbindungen zur ursprünglichen Heimat Dänemark sind weiterhin so gut, dass Königin Margarete II. zu einem Privatbesuch kam. Und die Funktion des Generalkonsuls des Königreichs in Bordeaux pflegt vom Vater auf den Sohn überzugehen.

Der Rest besteht aus Großzügigkeit und Gastfreundschaft. Seit einiger Zeit hat sich Château Kirwan dem Tourismus geöffnet – oder besser jenen von Natur aus neugierigen Besuchern, die in die Geheimnisse eines großen Weinguts von Margaux eindringen möchten. Die Schÿlers empfangen sie herzlich und zeigen ihnen nicht ohne Stolz die gepflegten Anlagen, wo die kleinsten Einzelheiten dem Auge schmeicheln und den Geist schärfen.

Ist es nicht ein Wunder, dass die meisten Orte, an denen ein großer Wein bereitet wird, auch etwas ganz Besonderes an sich haben? Wie wenn das, was gut im Sinne der antiken Philosophen ist, nur aus etwas Schönem entstehen könnte? Es ist zu wünschen, dass die zahlreichen Besucher dieses und einiger anderer Châteaus der grundlegenden Verbindung zwischen dem Schönen und dem Guten auf die Spur kommen! M. W.

Das hübsche Anwesen (oben) mit seinem Portal und der mit Rosen bewachsenen Pergola (Mitte) birgt im Inneren elegante Salons im typischen Médoc-Stil (gegenüber).

CHÂTEAU
D'ISSAN

Margaux

Das ist unbestreitbar richtig: Dieser Troisième Cru Classé hat eine große Vergangenheit. Bereits bei der Hochzeit von Eleonore von Aquitanien mit König Heinrich schmückten die Weine aus Issan die Tafel, und selbst der österreichische Kaiser Franz-Josef ließ diesen Tropfen in der Hofburg auftischen. Das sind sichtbare Zeichen dafür, dass der stolze Leitsatz dieses *Grand Vin Regum mensis arisque deorum,* »Für die Tafel der Könige und die Altäre der Götter«, durchaus seine Berechtigung hat.

Doch nicht nur der Wein, auch das prächtige Schloss gilt als historisch bedeutend. Bereits die majestätische Mauer, die das Anwesen umgibt, beeindruckt den Besucher und verleiht dem Weingut etwas Klösterliches. Ähnliches findet man im Médoc sonst nur auf Château Lafite. Das Schloss selbst ist ein schönes Beispiel für die Architektur des 17. Jahrhunderts und wurde vom französischen Staat als schützenswertes Kulturgut eingestuft. Beeindruckend ist auch der alte Fasskeller mit seinem Spitzgewölbe, der einen perfekten Rahmen für die Konzerte des Festivals »Musique au cœur du Médoc« bietet.

Das historische Erbe verpflichtet. Es kann aber auch eine Belastung sein und dazu führen, tief greifende, aber notwendige Veränderungen zu unterlassen. Das Prestige, das seit jeher mit dem Namen Château d'Issan verbunden wird, trug lange Zeit wesentlich dazu bei, im Laufe der Jahrhunderte »erworbene« Mängel des Weines einfach zu ignorieren, bis dieser letztlich als überbewertet galt. Den jetzigen Besitzern, der Familie Cruse, und vor allem dem engagierten Emmanuel Cruse, der seit 1987 für die Renaissance der Domäne verantwortlich ist, ist es jedoch zweifellos gelungen, an ruhmreiche Zeiten anzuknüpfen.

Obwohl er aus einer Bordelaiser Familie mit langer Weinhändlertradition stammt, übte Emmanuel Cruse diesen Beruf niemals aus. Von Anfang an widmete er sich mit Leib und Seele dem Weinbau, mit dem Ziel, das Château d'Issan zu alter Größe zurückzuführen. Daher ist es kein Wunder, dass er lieber über neue Kellertechnik als über die Schönheit seines Schlosses spricht. Die Auflage, historische Bausubstanz originalgetreu zu erhalten, führte in Issan dazu, dass einige Modernisierungsmaßnahmen nur unter großen Schwierigkei-

Die Fassade des Schlosses,
das Schmuckstück der Domäne, spiegelt sich im breiten Wassergraben.

ten durchgeführt werden konnten, so auch im Fall neuer Produktionsanlagen. Die dazu notwendigen Einrichtungen mussten den räumlichen Gegebenheiten angepasst werden und nicht – was wirtschaftlich geboten wäre – umgekehrt. Ein nahezu unmögliches Unterfangen!

Emmanuel Cruse scheute sich gleichwohl nicht, mit viel Mut das Gut von Grund auf zu verändern. Unterstützt von Jacques Biossenot waren sie bis ins kleinste Detail bestrebt, die Voraussetzungen für einen Wein zu schaffen, der auch die anspruchsvollsten Genießer zufrieden stellt. Dieses Ziel haben sie erreicht. Die professionellen Weinkritiker mit Michael Broadbent und Robert Parker an der Spitze bescheinigen dem Grand Vin d'Issan, dass er zu den Besten im Margaux gehört. Im Juni 1999 konnte man in *Le Monde des Grands Bordeaux* lesen: »Seit einigen Jahren steht der junge Emmanuel Cruse für die hervorragende Qualität der Weine aus dem Château d'Issan. Dazu kann man ihm nur gratulieren. Seine Weine haben Anmut und verfügen über zugleich reife wie sanfte Aromen.«

Noch ein Tipp: Wenn Sie die derzeitigen Besitzer des Schlosses glücklich machen wollen, sprechen Sie zunächst über ihren Wein und dann erst über das Schloss! Danach dürfen Sie sich von einem der schönsten Besitztümer des Médoc verführen lassen. I. E.

Das alte Wehrtor (gegenüber) lässt fast vergessen, welch umfangreiche Modernisierungsmaßnahmen in den Kellereigebäuden vorgenommen wurden (links). Daneben der Taubenturm.

CHÂTEAU
LAGRANGE

Saint-Julien

Mit einhundertsiebenundfünfzig Hektar, von denen über einhundertzehn mit Reben bestockt sind, geht Lagrange zunächst einmal als Riese unter den Grands Crus Classés ins Rennen. 1855 umfasste der Besitz noch über dreihundert Hektar, ein Rekord in einer Region, in der die Größe der Betriebe in der Regel deutlich bescheidener war. Übrigens ist Lagrange früher ein eigenes Dorf mit Bäcker, Schule und Kirche gewesen – allerdings ein privates Dorf. Lagrange ist ein alter Besitz: Produzierte der Adelssitz von Lagrange Monteil, der teilweise der Commanderie du Temple in Bordeaux unterstand, nicht seit dem Mittelalter einen hochgerühmten Wein? Also auch eine illustre Domäne. Hohe Würdenträger standen an deren Spitze, besonders der Comte Cabarrus, der Finanzminister von Joseph Bonaparte in Spanien, oder der Comte Duchâtel, der unter Louis-Philippe eine gewisse Zeit als Innenminister diente.

Eine baskische Familie aus San Sebastian, die Cendoya, kaufte das Gut 1925. Dem Vernehmen nach waren die Weine damals so schlecht, dass der wahre Grund für den Kauf von Lagrange offensichtlich in den Kiefernwäldern lag, deren Holz man der Papierindustrie anbieten konnte! Eine traurige Zeit. Beim weiteren Zerfall verlor Lagrange immer mehr Land. Als die japanische Suntory-Gruppe, eine der führenden Firmen auf dem Gebiet alkoholischer Getränke, 1983 die Zügel in die Hand nahm, war Lagrange nur noch ein Schatten seiner selbst.

Am allerschlimmsten war, dass man auf den besten Parzellen die Reben schon vor einiger Zeit herausgerissen und sie nicht wieder bepflanzt hatte. Damit verlor das Gut sozusagen seine Grundlagen. Man musste alles neu machen und mehr oder weniger von vorne beginnen. Immerhin gab es die Aussicht auf eine große Zukunft – mit dem zusätzlichen Trumpf der großen Fläche. Die Investoren hatten offenkundig eine Vision vor Augen und wollten der Domäne ihre längst vergangene Größe zurückgeben.

Um das sinkende Schiff – das größte im Médoc, aber auch das am schlechtesten erhaltene – wieder auf Kurs zu bringen, waren große Finanzmittel notwendig. Dankenswerterweise flossen sie regelmäßig. Es ist das Verdienst der japanischen Besitzer, dass sie langfristig investierten, ohne kurz-

Das wieder hergestellte und vergrößerte Wasserbecken verleiht der Domäne einen Hauch Romantik.

fristig Rendite zu erwarten und ohne die Forderung, dass das eingesetzte Kapital sich bald bezahlt machen müsse. Der Buchhalter von Lagrange schrieb denn auch über ein Jahrzehnt lang, bis zum Jahr 1996, rote Zahlen.

Suntorys Chance – das geben die Verantwortlichen heute unumwunden zu – bestand darin, dass die Firma auf die Kompetenz eines Verwalters vom Schlag eines Marcel Ducasse zählen konnte. Der Schüler und Rivale von Professor Peynaud verstand es nicht nur, den absterbenden Rebstöcken neues Leben einzuhauchen, sondern er gewann aus den Trauben auch einen selten guten Wein, einen echten Grand Cru. Um sich eine Vorstellung von der Originalität von Ducasse zu machen, muss man nur sehen, welche Bedeutung er der eigenwilligsten aller Rebsorten verlieh, dem Petit Verdot. Überall sonst ist diese Sorte in mehr oder minder wahrnehmbaren Spuren enthalten, aber die Assemblage in Lagrange besteht bis zu fast einem Fünftel daraus.

Über all die Jahre hindurch vertrauten die Japaner von Suntory Marcel Ducasse. Er ging nie den einfachen Weg. Wie die Leute aus dem Land der aufgehenden Sonne steht er mit einem Bein fest in der Tradition und mit dem anderen mitten im Fortschritt. Sein Mitarbeiter Bruno Eynard bekennt offen: »Es gibt auf dem Gut Stellen, wo man noch genauso arbeitet wie vor hundert Jahren. Und dann gibt es andere, wo sich innerhalb kürzester Zeit alles verändert hat. Und wenn ich innerhalb kürzester Zeit sage, so meine ich eine Spanne von weniger als fünfzehn Monaten.« M. W.

Loggia, Wachturm (oben)… auch die baulichen Veränderungen des 19. Jahrhunderts tragen zum Charme des malerischen Schlosses bei. Doch was wäre das Gut ohne seine großen Keller (gegenüber)? Allein die Ausmaße zeigen, dass es sich hier um einen der größten Erzeuger der Region handelt.

CHÂTEAU
LANGOA BARTON

Saint-Julien

Anthony Barton ist ein vollendeter Gastgeber: Er verbindet perfekte Manieren mit lässiger Eleganz. Besucher werden ausgesucht höflich, aber völlig ungezwungen empfangen. Dem Hausherrn gelingt es in kurzer Zeit, ihnen das Gefühl zu vermitteln, seinen Besitz bereits seit langem zu kennen, obwohl sie das Anwesen vorher nie gesehen haben. Eine seltene Gabe heutzutage. Die geschmackvolle Einrichtung ist klassisch-elegant, aber gemütlich. Sie verrät die irischen Wurzeln des Besitzers und passt wunderbar zum französischen Menü, das dem Gast von geschultem Personal auf silbernen Tellern serviert wird.

In den aristokratischen Gesichtszügen des Hausherrn haben Sie sofort Ähnlichkeiten zu den die Wände des Hauses schmückenden Familienporträts ausgemacht und können nicht umhin, das Ihrem Gastgeber auch mitzuteilen. »Ach wirklich«, entgegnet dieser scheinbar überrascht, »das haben Sie bemerkt?« Wäre er weniger galant, hätte er Sie nur auf seine edle Abstammung und die durchsetzungsstarken irischen Gene hinweisen müssen. Doch darauf verzichtet er.

Anthony Barton wurde 1930 in der Grafschaft Kildare geboren, genauer gesagt in Staffran House, das seit mehr als hundert Jahren Familiensitz ist und einst von seinem berühmten Urgroßvater Hugh Barton erworben wurde. Dieser war es auch, der 1821 Château Langoa gekauft hatte. Hugh Barton war seinerseits der Nachkomme eines berühmten Mannes: Thomas Barton, genannt »French Tom«, gründete 1722 in Bordeaux das Handelshaus, das bis in unsere Tage seinen Namen trägt. Bis heute bestimmen Handel und Weinbau das Leben der Barton-Dynastie, ein seltenes Beispiel für Kontinuität.

Als Anthony geboren wurde, deutete nichts darauf hin, dass er als jüngster Sohn der Familie einmal Erbe des Schlosses werden würde. Er verdankt dies seinem Onkel Ronald Barton, der nach einer späten Heirat ohne Nachkommen blieb und deshalb 1983 den Besitz an seinen Schlössern Langoa und Léoville seinem Neffen übertrug. »Das war genau drei Jahre vor seinem Tod«, erklärt sein Nachfolger. Dieser Ronald Barton war eine markante Persönlichkeit, ebenso verschwiegen wie lebenslustig. Nach

Das Schloss der gastfreundlichen Familie Barton präsentiert sich auch heute noch wie auf diesem Fayence-Teller.

einem standesgemäßen Studium in Eton und Oxford kam er 1924 nach Bordeaux. Im Zweiten Weltkrieg war er britischer Verbindungsoffizier zu den französischen Befreiungstruppen, den *Forces Françaises Libres*. Während dieser Zeit ruhten sowohl seine Tätigkeit im Handelshaus Barton & Gustier als auch sein Engagement für die beiden Familiengüter. Doch nach Kriegsende kehrte er mit umso größerer Energie dorthin zurück, um die großen Rotwein-Jahrgänge 1948 und 1949 zu erzeugen.

Als sich sein Neffe für das wunderbare Geschenk bedanken wollte, sagte Ronald Barton: »Nicht mir, sondern Hugh musst du danken. Ich habe mich immer nur als Verwalter gesehen, dessen Pflicht es ist, den Weinberg seinem Erben im bestmöglichen Zustand zu hinterlassen.« Ein Prinzip, das sich auch Anthony Barton zu Eigen machen könnte. Nach dem tödlichen Unfall seines Sohnes Thomas ruhen nun alle Hoffnungen auf seiner Tochter Lilian Barton-Sartorius. Sie kümmert sich bereits um das von ihrem Vater im Jahre 1967 gegründete Weinhandelshaus.

Alles im Hause Barton scheint sich ganz natürlich zusammenzufügen, nichts wirkt erzwungen oder verkrampft. Das Essen geht langsam seinem Ende zu, trefflich begleitet von den Akkorden eines sehr guten Jahrgangs. Und Sie nehmen nur wahr, dass das herrliche Landhaus, das das Etikett von Léoville – einem Second Cru Classé – ziert, zu Langoa gehört. Wo sind Sie denn eigentlich? In Léoville? In Langoa? Aus dieser Kleinigkeit werden Sie aber keine Affäre machen, zeigen britisches oder, besser gesagt, irisches Taktgefühl und begnügen sich mit der Feststellung, dass man diesen wunderbaren Ort schlicht und einfach Château Barton nennen sollte. Damit wäre jeder Irrtum ausgeschlossen. I. I.

Die herrschaftlichen Gebäude an der »Route des Vins« (oben) nennen einen der berühmtesten traditionellen Gärkeller der Appellation Saint-Julien ihr Eigen (gegenüber).

CHÂTEAU
GISCOURS

Margaux

Ein Sonnenstrahl dringt durch den Zwischenraum einer schweren, roten Holztür und fällt auf die kleinen Schottersteine, die in den Boden des alten Lagerkellers eingelassen sind. An den Wänden aus unverputztem Backstein hängen Gerätschaften ohne Alter, sie zeugen von einer Tätigkeit, die schon vor urdenklichen Zeiten begann. Bordeaux ist weniger als zwanzig Kilometer entfernt, aber das Weingut scheint allem entrückt zu sein. Man glaubt, in ganz anderen Zeiten zu sein. Giscours wartet und strahlt.

Eine lange Reihe von Besitzern formte diese Domäne Stein für Stein und gestaltete sie immer wieder neu. Anscheinend markierte ab 1330 ein befestigter Schlossturm den Besitz mächtiger Herren. Doch die Reben wurden erst in der Mitte des 16. Jahrhunderts gepflanzt.

1654 kostete Ludwig XIV. auf seiner Rundreise, während die Fronde in vollem Gange war, zusammen mit seiner Mutter den Grand Vin von Giscours. Angeblich soll er ihm geschmeckt haben. Zur Zeit der Revolution wurde das Familiengut der Saint-Simon 1795 wie viele andere in Staatseigentum überführt.

Noch vor der Erneuerung zur großen Zeit der Klassifizierung erlebte das Weingut im Zweiten Kaiserreich einen neuen Aufschwung. Zu Beginn dieser Zeit ließ ein berühmter Pariser Bankier, der Comte Pescatore, das Wohnhaus von Grund auf neu bauen. Er wollte hier die Kaiserin Eugénie auf ihrem Weg nach Biarritz angemessen beherbergen.

Nicht nur das Schloss profitierte von diesen Arbeiten. Saubere, große Räume in den neuen, bewußt funktionalen Wirtschaftsgebäuden dienten verschiedenen Zwecken, und Inschriften wie *chais* und *écuries*, naiv auf steinerne Türstürze zu beiden Seiten des Hofes gemeißelt, bezeugen das noch heute.

Die Domäne war allerdings zur Zeit des Kaufs durch die Familie Tari im Jahr 1952 in sehr schlechtem Zustand. Die Gebäude stürzten beinahe ein, und auch das Château war mehr und mehr zerfallen. Nicolas Tari und später seinem Sohn Pierre gebührt das Verdienst, alles wieder hergestellt und in Ordnung gebracht zu haben. Nicolas Tari schuf den berühmten künstlichen See mit einer Fläche von über zehn Hektar, der

Neben den eigentlichen Schlossgebäuden liegt ein kleines Landhaus, dessen Charme das kunstsinnige Ehepaar Albada Jelgersma nicht widerstehen konnte.

PARKING

heute gut in die Landschaft integriert ist. Er ist auch für den Weinbau von nicht geringer Bedeutung, denn er schafft durch die Erhöhung der Luftfeuchtigkeit ein günstiges Mikroklima.

Schwere finanzielle Probleme bewegen 1994 die Besitzer dazu, die Domäne neuen Investoren zu überlassen. Das ist für Giscours das Zeichen für einen erneuten Sprung nach vorne. Der niederländische Geschäftsmann Eric Albada Jelgersma begeistert sich für das Gut und widmet dem Weinberg wie den Gebäuden und dem Château seine ganze Aufmerksamkeit. In weniger als zehn Jahren investiert er erhebliche Mittel in die ansonsten grundsolide Domäne, die nur auf einen Neuanfang wartete.

Ob man in Giscours die etwas abgelegene Villa im Stil eines Badekurorts oder die angenehmen, kunstvoll eingerichteten Gästezimmer in den Wirtschaftsgebäuden besucht, überall lernt man die Handschrift der neuen Besitzer schätzen. Die frankophilen Niederländer, denen übrigens auch Château du Tertre gehört, haben sich in die Region eingefügt und haben aus der Restaurierung, ja der Wiederauferstehung von Giscours eine Familienangelegenheit gemacht, mehr noch: Sie sehen das als die Herausforderung ihrer eigenen Existenz. M. W.

Die Gebäude sind ein gutes Beispiel für das Idealbild eines Landguts zu Zeiten des Zweiten Kaiserreichs. Dafür stehen die reich verzierten Turmspitzen des Schlosses (gegenüber) ebenso wie die zahlreichen Steinplastiken (Mitte).

CHÂTEAU
MALESCOT SAINT-EXUPÉRY

Margaux

Semper ad altum«, »Immer höher hinaus«. Mit einer solchen Devise und einem solchen Namen muss sich dieser Troisième Cru zwangsläufig vom leichten Weg abwenden und den steinigen Weg des Anspruchs und der Disziplin wählen. Der Autor des *Kleinen Prinzen*, dessen Urgroßvater Jean-Baptiste das Gut im Jahr 1827 erworben hatte, beschrieb mit folgenden Worten das Gesetz des Hindernisses: »Der Zwang erlöst dich und bringt dir die einzige Freiheit, die zählt.« Eine wundervolle Freiheit gewinnt in der Tat derjenige, der den Zwang schließlich überwunden hat.

Jean-Luc Zuger ist der dritte einer Dynastie, die seit über einem halben Jahrhundert über Malescot herrscht. Für ihn ist das glanzvolle Schicksal der großen Weine des Médoc eine noch zu neue Sache, als dass er es als gegebene Tatsache hinnehmen könnte. Dieser noch junge Mann mit seinem schelmischen Blick und dem Bart eines Aalfischers hat den Niedergang der 1960er Jahre noch nicht vergessen, als man einen halben Hektar guten Weinberg verkaufte, um sich ein Fernsehgerät oder eine Waschmaschine dafür zu leisten. Die Lektion der mageren Jahre ist ihm noch im Gedächtnis, und er kennt seine Prioritäten. »Ich investiere alles in den Keller, in die Einrichtungen und in den Weinberg«, sagt er. Er ist von der Erkenntnis geprägt, dass sich die Größe eines Weines nur aus der Summe winziger Details ergibt. Er achtet zusammen mit seiner aufmerksamen Mannschaft darauf, dass die alten Prinzipien respektiert werden. Die Gärung dauert hier immer sehr lang, mit Umpumpen der Maische vor, während und nach der Gärung.

Das Château Malescot Saint-Exupéry gehört zu jenen allzu seltenen Domänen, in denen man an den Gewohnheiten einer »Maison« festhält. Anflüge von Stolz sind hier ganz legitim: »Der mehrstöckige Gärtank, den man seither so oft kopiert hat, wurde hier erfunden«, präzisiert Jean-Luc Zuger beim Vorbeigehen. Eine der Besonderheiten dieses Crus war bis zuletzt, dass die Weine nicht von Bordeaux aus in den Handel gebracht wurden. Das war außergewöhnlich und auf diesem Niveau sogar einzigartig. Dreißig Jahre dauerte dieser unabhängige Vertrieb, als Einzelkämpfer sozusagen. Ganz allgemein misstraut man den allzu modernen

Keine falsche, gekünstelte Authentizität machen die Keller dieses Familienbesitzes attraktiv.

1er août 1697.
Sachent tous presents
GEN. DE BORDEAUX
de l'àquisition
sans préjudice

Tendenzen, etwa jenem zügellosen Wettbewerb, der einige dazu bringt, für die Degustation besondere Weine zusammenzustellen. »Ein Wein ist dazu gedacht, um getrunken und nicht nur um degustiert zu werden«, sagt man hier.

Jean-Luc Zuger vertritt die Ansicht, dass der Markt an zwei gegensätzlichen Exzessen krankt: auf der einen Seite an der Spekulation, die primitive Leute dazu treibt, in Weinkisten zu investieren – ähnlich wie andere hochdotierte Kunstgegenstände sammeln –, und auf der anderen Seite an der chronischen Ungeduld eines Publikums, das sich schon daran gewöhnt hat, die großen Weine zu jung zu trinken, bevor sie überhaupt die gesamte Fülle ihres Aromas und ihres Reichtums erreicht haben. Nur Vertrautheit, Erziehung und Wissen würden im Stande sein, diesen Fehlentwicklungen entgegenzutreten. Doch danach sieht es in unserem Jahrhundert zur Zeit noch nicht aus.

Auf jeden Fall verhält man sich hier völlig indifferent gegenüber den Lockrufen des leichten Wegs und der leichter zugänglichen, schnell zu konsumierenden Weine. Der Malescot Saint-Exupéry bleibt weiterhin ein Wein, der für die Alterung bestimmt ist und der sich auch lange im Keller hält. Und wenn der köstliche *goût de capsule*, den er im Alter entwickelt und, wie man sagt, diesen nur mit dem Mouton Rothschild teilt, zu eigentümlich ist für den Anfänger, so bildet er doch das Glück jener Minderheit, die ihn mit wahrer Kennerschaft zu genießen weiß. M. W.

Von der großen Vergangenheit dieses Weines zeugen nicht nur großzügige Gebäude (oben) und altehrwürdige Flaschen, sondern auch ein nahezu vollständiges Archiv, eine echte Rarität (gegenüber).

CHÂTEAU
BOYD-CANTENAC

Margaux

Wie die illuminierten Buchstaben eines alten Manuskripts schmücken mehrere illustre Namen die lange, schöne Geschichte des Château Boyd-Cantenac. Der adlige Sieur Boyd aus dem Viertel Chartron in Bordeaux verlieh in der Mitte des 18. Jahrhunderts der Domäne seinen Namen. Cantenac ist die Bezeichnung der Gemeinde, auf dessen Grund der Weinberg steht. Der englische Gentleman John Lewis-Brown, der in seiner Freizeit gerne aquarellierte, bereicherte später das Gut mit einem Hauch von Zwanglosigkeit. Die späteren Besitzer, die Familie Ginestet, verliehen dem Weingut, das damals schon klassifiziert und bekannt war, jenen Glanz, der einem Troisième Cru von Margaux wohl ansteht.

Die Familie Guillemet besitzt Boyd-Cantenac schon seit drei Generationen, seit 1932. Ein Vierteljahrhundert zuvor hatte sie schon das benachbarte Château Pouget gekauft. In der Neuerwerbung von Boyd-Cantenac sah sie, ehrlich gesagt, einfach ein Stück Land mehr, ein zweitrangiges dazu. Es trifft zu, dass Boyd-Cantenac durch unerfreuliche Teilungen am Ende weder ein Wohnhaus noch einen Keller besaß. Noch heute wird der Grand Vin in den Gebäuden von Château Pouget gekeltert, in einem handwerklich geprägten Keller, der von jener ländlichen Gutmütigkeit durchtränkt ist, sodass der Besucher eher an eine burgundische Exklave mitten im Médoc denkt. Ein bemerkenswerter Boden und klug ausgewählte Rebsorten verleihen diesem Troisième Cru eine subtile Art und ein ziemlich unnachahmliches Bouquet. Lucien Guillemet achtet darauf, dass zwischen seinem Grand Vin und dem Zweitwein ein möglichst großer Unterschied besteht. Der Wein von Boyd-Cantenac enthält acht Prozent Cabernet franc, der dessen liebenswürdige, raffinierte Natur unterstreicht. Der Pouget wirkt körperreicher, mit stärker hervortretenden Tanninen. Der Château Boyd-Cantenac weist eine Finesse, eine Samtigkeit, eine Süße auf, die dem heutigen Geschmack besonders entgegenkommt. Trotzdem bleibt der Wein seiner historischen Persönlichkeit treu.

Lucien Guillemet gehört nicht zu jenen Besitzern, die an die Wunder einer besonders ausgeklügelten Weinbereitung glauben. Er glaubt an eine gewisse Natürlichkeit bei der Kunst, einen großen Wein zur Blüte zu bringen. Diese Authentizität macht den Charme des Boyd-Cantenac aus und garantiert auch den des Château Pouget. Die charmante Einfachheit beider Weine fasziniert eine treue Klientel von intimen Kennern, denen man nichts erzählen muss. Komme, was da wolle. M. W.

Die Front des Weinguts schmücken zwei steinerne Medaillons.
Mögen ihre Inschriften für den Historiker auch ungenau sein – der Betrachter kann sich ihrem Charme nicht entziehen.

Häufig liegt die besondere Ausstrahlung eines großen Weines in kleinen Dingen: Hier sind es die Korken mit eingebranntem Signet (gegenüber) und die herrlichen, über und über gravierten Glasstöpsel, die die frisch befüllten Barriquefässer verschließen (oben und darunter)

CHÂTEAU CANTENAC BROWN

Margaux

José Sanfins beobachtet stumm und konzentriert eine Armee von Degustationsgläsern, die vor ihm auf einem langen, weißen Tisch aufgereiht stehen. Von Zeit zu Zeit gießt er einige Tropfen einer rubinfarbenen Flüssigkeit in seinen Messzylinder, mischt sie sorgfältig mit einer anderen und schließlich mit einer dritten. Er kostet, denkt nach, verändert einen Hauch, kostet erneut, schnüffelt, kaut und stellt schließlich sein Glas mit der Entschiedenheit eines Mannes auf den Tisch, der keine Zweifel mehr hat: »Jetzt«, sagt er, »glaube ich, haben wir unsere Assemblage.« Das ist ein ganz besonderer Augenblick – und ein entscheidender Moment dazu. Im Gegensatz zu Küchenchefs können die Schöpfer großer Crus nur einmal im Jahr ihr Talent zeigen. Wenn sie einen Fehler machen, bekommen sie keine zweite Chance.

José Sanfins stammt ursprünglich aus Portugal und ist seit 1989 technischer Direktor des Gutes. Er reist viel und ist immer neugierig darauf, wie man die Dinge anderswo macht. Er ist für Château Cantenac Brown der Garant für Weltoffenheit und Modernität. Sanfins gehört zusammen mit Emmanuel Cruse, John Kolasa, Gonzague Lurton und Paul Pontallier zu jener neuen Generation von Winzern, die der Appellation Margaux ein neues Gesicht verliehen haben. Zwischen diesen effizienten jungen Männern herrscht keine sterile Konkurrenz und kein heimlicher, verbissener Kampf. Vielmehr ist ein gesunder, ja freundschaftlicher Wettstreit an die Stelle der alten Ressentiments getreten. Er trägt dazu bei, dass sich in diesem königlichen Weingebiet eine wahrhaft positive Mentalität ausbreiten kann.

1989 fusionierte die Compagnie du Midi, die seit zwei Jahren Cantenac Brown besaß, mit der Gruppe AXA. Plötzlich gehörte nun dieser schon etwas welke Troisième Cru dem berühmten Versicherungsunternehmen und vervollständigte gleich nach Pichon-Longueville die Struktur von AXA Millésimes. Die Weinliebhaber konnten sich nur beglückwünschen: Innerhalb einiger Jahre verlor der Cantenac Brown die Härte, die man dem Wein seit einiger Zeit vorwarf, und fand zurück zu einer Weichheit und einer Ausgewogenheit, die seinen Ruf seit undenklichen Zeiten ausmachten.

Die Bezeichnung »Château« verdanken viele der Médoc-Schlösser ihren langen Zimmerfluchten, hier durch Möbelstücke aufgelockert.

Die Bemühungen um eine stärker ökologische Ausrichtung, die ein Anliegen des Generaldirektors Christian Seely sind, äußern sich in der Domäne von Cantenac Brown vor allem durch Veränderungen im Weinberg. Im Jahr 2002 wurden diese Anstrengungen belohnt: Das Gut erhielt eine berühmte Zertifizierung. Zum Schnitt, zum Entgeizen und Ausdünnen treten eine sehr sensibel gehandhabte biologische Düngung sowie die Wiederaufnahme alter Traditionen beim Pflügen. Ganze Parzellen werden neu bepflanzt. »Wir bemühen uns, die Reben dem Terroir anzupassen«, erklärt José Sanfins. »Diese Arbeit braucht einen langen Atem: Was ich heute pflanze, wird erst in dreißig Jahren wirklich gut sein.«

So knüpft das Weingut wieder an die Gewohnheiten und Verfahrensweisen seiner großen Zeit an. Wird sich diese Wiedergeburt eines Tages auch auf die feierlichen Feste und Empfänge erstrecken? Man darf dabei nicht vergessen, dass der Besitzer Armand Lalande zur Zeit des Zweiten Kaiserreichs hier die feine Gesellschaft zu üppigen Empfängen und Abendessen einlud. An solchen Abenden leuchtete der Herrensitz, der mit seinem Tudorstil an ein englisches College erinnert, im Schein der vielen Kerzen und Lichter; ein leises Lachen und der Klang angenehmer Gespräche breitete sich in den Weinbergen und im nächtlichen Médoc aus. M. W.

Hinter der eher an ein englisches College erinnernden Fassade (oben), die auch das Etikett des Grand Vin ziert, verbergen sich nicht nur elegante Salons in einem gediegenen Stil (unten), sondern auch neueste Kellertechnik (Mitte) und ein ultramodernes Schwimmbad (gegenüber), in dem sich die illustren Gäste des Châteaus vergnügen können.

CHÂTEAU
PALMER

Margaux

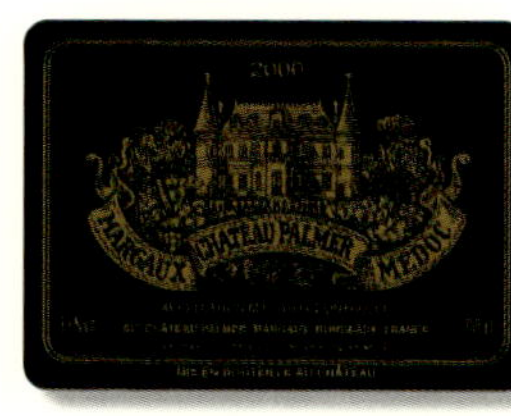

Goldene Lettern auf schwarzem Grund, traditionell elegant und doch modern: Schon das Etikett verrät das Wesen von Château Palmer. Auf der einen Seite steht die Tradition eines großen Weines, das Produkt der einzigartigen Güte des Bodens, auf dem er gedeiht. Auf der anderen Seite die Bereitschaft seiner bisherigen Besitzer, auch neue Wege zu gehen. Angefangen vom Schlossgebäude, das mit seinen hohen, spitzen Türmen und der reich verzierten Fassade einem Märchenschloss gleicht, bis hin zur Bestockung des Weinbergs, halb Merlot, halb Cabernet Sauvignon. Wohin man blickt, paaren sich Traditionspflege mit einem Hauch Abenteuerlust.

Seinen Namen und seine einzigartigen Rebflächen verdankt Château Palmer einem englischen General, der es 1814 erwarb und nach und nach ausbaute. Guter Wein wurde hier aber schon ein Jahrhundert früher angebaut. Bereits am Hof Ludwig XV. wurde er als Tischwein geschätzt.

Im Jahr 1843 kauften die Gebrüder Emile und Isaac Pereire das Schloss. Die beiden berühmten Bankiers des Zweiten Kaiserreichs führten die Domäne mit der gleichen Energie wie ihre umfangreichen Aktivitäten im Eisenbahnbau und im Handel zum Erfolg: 1855 wurde Château Palmer als Troisième Cru Classé eingestuft. Die Gebrüder Pereire experimentierten schon damals mit neuen Techniken, ohne die erprobten Gewohnheiten beiseite zu schieben. Dies ist ein weiteres Indiz für das Nebeneinander von Tradition und Fortschritt, durch das die Geschichte des Weinguts geprägt ist.

Danach übernahm ein Konsortium aus berühmten Bordelaiser, englischen und holländischen Familien das Schloss und damit die Aufgabe, die subtile Ausgewogenheit zu wahren, die dem Grand Vin einen raffinierten Charakter verleiht und die Größe seines Terroirs ausdrückt.

Um diese Herausforderung zu meistern, hat Palmer sich für wichtige Innovationen wie die thermoregulierten Edelstahltanks geöffnet. Die genaue Kenntnis jeder Parzelle beruht auf einer eingehenden geologischen Studie, mit der die Bodenbeschaffenheit wissenschaftlich untersucht wurde. Nunmehr kann man über Phänomene etwas aussagen, die man

Die Geschichte eines großen Weines eröffnet sich durch einen Blick in den Keller.

S 1981
S 1994
S 1985
S 1985
S 1979
S 1990
39 mgs
S 1977

zwar empirisch kannte, deren Ursachen bislang aber unbekannt geblieben waren. Für Traditionalisten waren dieser Vorstoß über die Grenzen des Bekannten hinaus und der Versuch, dabei in die »Geheimnisse« des Weinbergs einzudringen, nicht unumstritten. Für die aber, die den Geist Palmers kennen, zu dem Wagemut gehört, war dieses Vorgehen nicht weiter erstaunlich.

In einer Zeit, in der Rebkrankheiten und Wetterkapriolen gefürchtet und nur in Maßen zu beeinflussen sind, liegt es auf der Hand, dass ein für innovatives Denken bekanntes Gut wie Palmer neue Wege beschreitet. Durch die wissenschaftliche Analyse der hochgerühmten Anbauflächen wird man von nun an mehr darüber wissen, warum gerade dieser Weinberg solch große Jahrgänge hervorbringen kann. Doch der Begeisterung der Kenner für den Grand Vin von Château Palmer wird auch die Wissenschaft keinen Abbruch tun. Sie werden sich durch seine Klasse immer wieder aufs Neue überraschen lassen. I. I.

Mitten in Margaux liegen das Schloss (oben) und die Wirtschaftsgebäude, die trotz umfangreicher Renovierungsarbeiten ihren altertümlichen Charme bewahrt haben.

CHÂTEAU
LA LAGUNE

Haut-Médoc

Gewisse Weingüter halten sich zurück und bleiben etwas im Verborgenen. Sie überlassen sich den Blicken und auch der Wertschätzung erst nach einer etwas umständlichen, manchmal sogar mühseligen Annäherung. La Lagune gehört sicher nicht zu ihnen, ganz im Gegenteil. Der Besucher gelangt ohne Geheimnistuerei in einen umfangreichen, gut sichtbaren Weinberg. Der Zugang könnte nicht direkter sein, und ist La Lagune nicht das erste Weingut, dem man auf der »Route des châteaux du Médoc« begegnet, wenn man von Bordeaux her kommt? Auch der Wohnsitz ist einfach und klar. Es handelt sich um ein allein stehendes Landhaus aus dem 18. Jahrhundert, in einem absolut nüchternen Klassizismus gehalten. Man könnte es, ohne sich lächerlich zu machen, Victor Louis zuschreiben, dem Architekten des berühmten Theaters in Bordeaux.

Die heutigen Besitzer entstammen der kleinen Welt des Champagnerweins, die hier als geradezu exotisch gilt. Vor längerem schon war Jean-Michel Ducellier dem Präsidenten der Champagnerfirma Ayala, René Chayoux, an die Spitze von La Lagune gefolgt, der ihm zwanzig Jahre lang zur Seite gestanden hatte. Auf ihn folgte sein Sohn Alain. Er setzte sich in den Kopf, diesem Weingut die einstige Größe wiederzugeben, die es nie hätte verlieren dürfen.

Schon als René Champoux La Lagune gekauft hatte, schien das einigen als sehr kühnes Abenteuer. »Man musste wahnsinnig sein«, urteilte selbst der allgegenwärtige Alexis Lichine mit kaum verhohlener Bewunderung für diese Verrücktheit. Dazu muss man wissen, dass das Gut in der jüngeren Vergangenheit die Tendenz gezeigt hatte, wie Chagrinleder zu schrumpfen. Alles hätte aber noch viel schlimmer sein müssen, um die Leute aus der Champagne abzuschrecken. Unter ihrer Ägide erlebte das Weingut seine Wiedergeburt.

Im Jahr 2002 begann eine neue Etappe in der Geschichte von La Lagune. Thierry Budin übernahm die Leitung der Domäne und wird dabei von der Önologin Caroline Frey, der Schülerin von Professor Denis Dubourdieu, unterstützt. Er verlieh den Renovierungsarbeiten in Weinberg und Keller, die schon im Gang waren, einen ganz

Die hufeisenförmige Treppe à la Fontainebleau verleiht dem Schlösschen einen noblen Charakter.

neuen Impuls. So wurde in der Geschichte der Domäne eine neue Seite aufgeschlagen. Aber dieses neue Kapitel lässt keinesfalls die früheren vergessen. Im Gegenteil, den Beitrag, der in den vergangenen Jahrzehnten geleistet wurde, respektiert man gewissenhaft. Ist das nicht die Voraussetzung für einen dauerhaften Erfolg?

Der spektakulärste Teil der renovierten Domäne La Lagune ist ohne Zweifel der funkelnd neue Gärkeller. Man stelle sich eine riesige Halle in Form eines Halbkreises vor. Zwei lange, glänzende, bewegliche Röhren bedienen, den Zeigern einer riesigen horizontalen Uhr ähnlich, in einem Winkel von einhundertfünfundvierzig Grad ein Amphitheater mit roten Gärtanks aus Edelstahl. Dieser Traum eines jeden Winzers ist der Fantasie des Architekten Patrick Baggio entsprungen. Diese Hightech-Installationen führen übrigens nur eine Tradition des Hauses fort: 1961 wurde hier eine ultramoderne Gäranlage eingeweiht. Damals hatte man hier ein neues, etwas weniger traditionelles, aber ohne Zweifel hygienischeres Gärverfahren entwickelt, wie man es für einen großen Wein braucht. M. W.

Durch den Kontrast unterstreicht der neue ultramoderne, halbkreisförmige Gärkeller (Mitte) den nostalgischen Charme des alten, mit den Initialen der Familie geschmückten Eingangtors und der schattigen Allee zum Schloss (oben und unten). Es fehlt nur noch ein altes Pferdefuhrwerk… (gegenüber).

CHÂTEAU DESMIRAIL

Margaux

Château Desmirail hat eine bewegte Geschichte, die es durchaus verdient hätte, an dieser Stelle von Anfang bis Ende erzählt zu werden. Doch verschweigen wir Zufälle, Dramen und überraschende Wendungen und beschränken uns auf das letzte Kapitel. Zur Geschichte nur so viel: Nach seiner Einstufung als Troisième Cru Classé bei der Klassifizierung von 1855 verteidigte der Grand Vin Château Desmirail lange Zeit seinen guten Ruf als eleganter Margaux. Doch mit der Zeit verfiel das Gut, wurde geteilt und Stück für Stück verkauft. Kurz vor dem Zweiten Weltkrieg erwarb Château Palmer ein Drittel der Rebfläche; dort wurde auch der Wein gemacht. Die übrigen zwei Drittel kaufte einige Jahre später Lucien Lurton zusammen mit dem Schloss und den Wirtschaftsgebäuden.

Seinen stolzen Namen verdankt das Gut einem im 17. Jahrhundert lebenden Rechtsgelehrten, dem ein riesiges Vermögen es erlaubte, eine Demoiselle Rauzan zu ehelichen. Auch heute ist es wieder ein Jurist, der die Geschicke des Hauses in Händen hält. Denis Lurton hat den Platz hinter dem Schreibtisch verlassen und sich ganz und gar dem Gut verschrieben, das 1981 durch Rückkauf von Palmer wieder seine ursprüngliche Größe erlangte. Blieben das Schloss und die Keller, die Jean Desmirail auf dem Gemeindegebiet von Margaux errichtet hatte: Desmirail fand seinen Platz in Cantenac, als Lucien Lurton dort einige standesgemäße Gebäude erwarb und umgestaltete. Heute schmücken Säulen aus Languedoc-Marmor, einem auch von Ludwig XIV. und seinem Architekten Hardouin-Mansart hochgeschätzten Material, den Haupteingang, und die Keller erstrahlen wieder in altem Glanz. Das aus hellem Stein erbaute neue Schloss schmückt ein reich verzierter Giebel, der es zu einem der schönsten neoklassizistischen Bauten der Region macht. Zu Recht ziert es die Etiketten des Grand Vin.

Heute könnten auch seine ehrwürdigen Vorbesitzer, unter anderem der Berliner Bankier Robert von Mendelssohn, ein Neffe des Komponisten und Enkel des im Médoc als »Poet der Reben« bekannten Dichters Biarnez, wieder

Das majestätische Portal des neuen Schlosses passt gut zum seit jeher hervorragenden Ruf des Gutes.

stolz auf das Schloss blicken. Das neue Desmirail hätte durchaus eine Ode aus der Feder dieses großen Verehrers des goldenen Zeitalters des Médoc verdient.

Denis Lurtons kühnes Unternehmen hat sich gelohnt. Ohne die Qualität seiner Rebflächen schmälern zu wollen, ist es doch vor allem seine gewaltige persönliche Leistung, der die Wiedergeburt des Gutes zu verdanken ist. Ihm ist es gelungen, auch die größten Skeptiker zu überzeugen, indem er auf klassische Werte gesetzt hat. Dies gilt für die schlichte Linienführung des Schlosses ebenso wie für den Charakter des Grand Vin, der schon früher weniger durch kernigen als durch ausgewogenen und runden Geschmack überzeugt hat. I. I.

Wie der Gärkeller (links) und der Fasskeller (gegenüber) wurde auch das Schloss renoviert. Der schöne Giebel (oben) ist eine moderne Zutat.

CHÂTEAU

CALON SÉGUR

Saint-Estèphe

Mag das Wetter draußen noch so grau sein, hier im Schloss Calon Ségur ist es gemütlich. Im Kamin glimmt ein morgendliches Feuer und die schweren, eleganten, mit sicherer Hand ausgewählten Möbel laden zum Verweilen ein. Madame Capbern-Gasqueton, die energische und humorvolle Hausherrin, ist zu Recht stolz auf ihren Besitz. Calon Ségur liegt ganz im Norden des Médoc und gehört zu den schönsten der Bordeaux-Schlösser. Diese Domäne hat Charme: Der sanft gewellte, von einer uralten Mauer umschlossene Weinberg, das reizende Schlösschen, die unaufdringlichen Produktions- und Lagergebäude, all das trägt zu einem harmonischen Gesamtbild bei. Kein Wunder also, dass der Marquis de Ségur, der berühmte »Prinz der Reben«, eine Schwäche für diesen besonderen Ort hatte. Ihm wird der Satz zugeschrieben: »Den Wein mache ich auf Lafite und Latour, aber mein Herz hängt an Calon.« Das in Stein gehauene Bildnis des Prinzen findet sich dann auch an der Front des alten Kellereigebäudes wieder. Über einem großen Herzen schmückt das Gebäude auch das Etikett dieses Grand Vin. Sehr zur Freude der japanischen Besucher und Freunden romantischer Geschenke übrigens, ein bis dato kaum vorstellbares und einzigartiges Zugeständnis an die kommerzielle Vermarktung, die auch vor Calon Ségur nicht Halt gemacht hat. Mit dieser freundlichen Energie von ihrer selbst gewissen Persönlichkeiten führt uns Madame Capbern-Gasqueton vorbei an schnurgeraden Beeten und einer prächtigen Orangerie voller Zitruspflanzen zu den modernen Kellereianlagen. »Wegweiser in Richtung Empfang werden Sie hier nicht finden«, bekennt die Besitzerin, »solange ich für das Schloss verantwortlich bin, werden wir versuchen, jeden Stilbruch zu vermeiden, der den Charme dieses Ortes beeinträchtigen könnte.« Auch wenn es nicht so aussieht: Hier werden pro Jahr zweihunderttausend Flaschen des edelsten Saint-Estèphe produziert. Der Wein ist voll und körperreich und von hoher Qualität. Einige der herausragenden Jahrgänge haben sich sogar einen Platz im »Weinolymp« gesichert.

Vom Weinberg aus gesehen lassen die klaren Linien das Anwesen wie eine romanische Kirche erscheinen.

Blicken wir zurück und versuchen, hinter das Geheimnis dieser Domäne zu kommen, in der alles wie von selbst zu gehen scheint. Nicht unwesentlich für den Erfolg ist die Kontinuität. Noch heute wird der Calon Ségur auf den gleichen fünfzig Hektar Rebfläche angebaut wie vor hundertfünfzig Jahren. Im Gegensatz zu vielen anderen Gütern wird hier nicht die ganze Fläche zum Anbau genutzt. Einige Teilflächen dienen der Neuanpflanzung, da auf Calon Ségur nötigenfalls ganze Parzellen und nicht einzelne Rebstöcke erneuert werden. Die individuelle Pflege jeder Parzelle ermöglicht eine exakte Bestimmung des optimalen Zeitpunkts für die Lese der einzelnen Rebsorten. Das ist vor allem für den Cabernet Sauvignon wichtig. Diese Traube bildet den Hauptbestandteil des Grand Vin. Geerntet werden nur die qualitativ besten Trauben, denn das Wichtigste ist, dem Wein den Geschmack dieses wunderbaren Terroir zu verleihen. »Wir wollen mit unseren Weinen keine Preise gewinnen, sondern unseren Kunden immer wieder ein besonderes Geschmackserlebnis bieten. Theoretische Überlegungen und wissenschaftliche Analysen sollten dabei über ein gewisses Maß nicht hinausgehen.« Je länger man der Besitzerin zuhört, desto mehr gewinnt man den Eindruck, dass das Geheimnis von Calon Ségur in einem harmonischen und lebendigen Zusammenspiel liegt. Die Schönheit der Landschaft, die Ästhetik der Gebäude, die geschickt versteckte moderne Kellertechnik und nicht zuletzt das bezaubernde Flaschenetikett: All das sind gleichwertige Teile eines harmonischen Ganzen. Es wäre falsch, diesen Zauber wissenschaftlich analysieren zu wollen. Die Seele von Calon Ségur enthüllt sich nur demjenigen, der die Gabe hat, das Château in seiner erhabenen Großartigkeit nicht nur zu sehen, sondern auch zu spüren. I. I.

Wenn man das Schloss näher betrachtet (gegenüber und links), kann man verstehen, warum der »Prinz der Reben« gerade hier sein Herz verloren hat (Mitte). Die Lagerkeller für die Barriquefässer liegen teilweise unter der Erde, um die Harmonie des Gutes nicht zu beeinträchtigen (rechts).

CHÂTEAU FERRIÈRE

Margaux

Das Älteste, das Größte, das Meistprämierte, das Nördlichste, das Südlichste: Bei dem ständigen Wettstreit, der unter den Médoc-Schlössern herrscht, ist es fast schon Pflicht für ein Schloss, auch mit einem Superlativ aufwarten zu können. Im Fall von Ferrière hat man sich für ein angenehm bescheidenes Attribut entschieden – es ist in allem das Kleinste. Das Weingut hat kaum acht Hektar Rebfläche und sein Hauptgebäude erinnert mehr an ein hübsches Landhaus als an ein Schloss.

Die neue Besitzerin Claire Villars-Lurton war klug genug, aus der Not eine Tugend zu machen. Sie hat erkannt, dass es gerade das Unvollkommene ist, was ihr Gut zu etwas Besonderem macht. Größe ist kein Garant für Qualität, und nicht immer sind es die eleganten Gourmettempel, in denen man am besten speist. »Ein kleines Juwel«, das ist es, was Claire Villars-Lurton, die seit 1992 an der Spitze steht, aus ihrem Château machen möchte.

Ferrière ist nicht nur klein, es hat auch schwere Zeiten hinter sich. Lange war das Château im Besitz der Ferrières, einer der mächtigen Bordelaiser Familien, die ihm auch seinen Namen gaben. Sie waren eng mit dem Gut verbunden, doch der Erste Weltkrieg zwang sie zum Verkauf. Danach verfielen Schloss und Weinberg. Wenngleich der glanzvolle Name weiterhin auf den Etiketten stand, war der Ferrière-Wein nur noch zweitklassig. Er wurde auch nicht mehr im eigenen Keller ausgebaut, sondern abwechselnd in Prieuré-Lichine und in Lascombes.

Nach einer so schweren Krise sorgte die Wiedergeburt des Weinguts für großes Aufsehen. Es ist etwas ganz Besonderes, wenn das brachliegende Potential eines Châteaus wieder zu neuem Leben erweckt wird und ein jahrzehntelang vernachlässigter Wein zu alter Qualität zurück findet. Die Erfahrung lehrt, dass die Freude besonders groß ist, wenn etwas lange Vermisstes unverhofft wieder auftaucht. Aus der schweren Krise ist Ferrière gestärkt hervorgegangen, ja es hat sogar davon profitiert. Wie im Märchen von Dornröschen wurde das Schloss von Claire Villars-Lurton aus seinem tiefen Schlaf geweckt.

Die Palmen verleihen der hübschen Fassade ein geradezu mediterranes Aussehen.

Tania

Mit eiserner Disziplin hat es die Mannschaft auf Ferrière binnen kürzester Zeit geschafft, an die große Tradition anzuknüpfen und dem Château seinen angestammten Platz unter den Crus Classés zurückzugeben. Heute hat der Grand Vin aus Ferrière wieder eine herrlich dunkle, fast schwarze Farbe und verfügt über ein ausdrucksvolles Bukett von Blüten und Gewürzen.

Noch einmal ganz von vorne beginnen zu können, kann also auch ein Vorteil sein. Die erfolgreiche Arbeit der Retter von Ferrière basiert ganz auf den Grundsubstanzen, dem »Rohstoff«, wie man im Médoc sagt: dem Boden und den Reben. Ganz behutsam und Stück für Stück haben die Winzer den kleinen Weinberg, dessen Rebflächen in oft winzig kleine Parzellen unter den wichtigsten Margaux-Gemeinden aufgeteilt worden waren, wieder aufgebaut.

Ohne diese Basisarbeit hätte es das Wunder von Ferrière bestimmt nicht gegeben. Doch eine solche Pioniertat verlangt noch mehr: Wagemut, Weitblick, Ausdauer, Teamgeist – und einen Hauch von Magie. I. I.

Das Esszimmer im Stil der 1940er Jahre (gegenüber) zeigt den Ideenreichtum der Besitzer, der auch in den Türmchen des Schlosses (oben rechts) und den Etiketten des Grand Vin (unten rechts) sichtbar wird.

CHÂTEAU
MARQUIS D'ALESME BECKER

Margaux

Wenn man alle Grands Crus Classés des Médoc besucht, wie ich es tun konnte, sind Bewunderung und Begeisterung die häufigeren Gefühle als Überraschung oder Erstaunen. Das Château Marquis d'Alesme Becker vermag aber heute noch die Welt in Erstaunen zu versetzen. Und dafür kann man dem jetzigen Besitzer Jean-Claude Zuger nicht genug danken.

Die erste Überraschung: der Wohnsitz. Obwohl das elegante Haus, das in der Mitte des 19. Jahrhunderts im gefälligen, nachempfundenen Louis-seize-Stil mitten im Dorf Margaux erbaut wurde, verbirgt es seine Fassade aus Stein und Backstein vor indiskreten Blicken. Tatsächlich steht das lang gezogene Gebäude in einem rechten Winkel zur Hauptstraße des Dorfes, sodass man vom Eingangsportal aus nur sehr wenig erkennen kann.

Die zweite Überraschung ist nicht minder positiv: der Lagerkeller und der Gärkeller. In den letzten Jahren des vergangenen Jahrhunderts begann man mit bedeutenden Umbauarbeiten. Dabei wurden die bis dahin etwas überholten Einrichtungen modernisiert. Ein Gärtank aus Edelstahl mit einer Thermoregulation vom Feinsten und Modernsten, ein nun doppelt so großer klimatisierter Barriquekeller, hervorragend ausgestattete Räume für die Degustation sowie Sitzungszimmer verbergen sich heute unter den schmucklos aussehenden alten Gebäuden.

Eine weitere große Überraschung, und nicht die geringste: ein Weinberg, der nun deutlich größer geworden ist, weil man sieben Hektar zurückbekommen hat, die lange Zeit an das Château Malescot Saint-Exupéry verpachtet waren. Die Nutzfläche liegt nun bei über sechzehn Hektar, von denen fast fünf direkt an das Terroir von Château Margaux anstoßen. Durch die Begrenzung der Traubenmenge und der Düngung, durch diskretes Ausdünnen der Blätter sowie durch sanft durchgeführte Ernten gelang es, die Qualität der Beeren, die in den Gärkeller gelangen, immer weiter zu erhöhen.

Man könnte in der Liste der angenehmen Überraschungen, die den Besucher im Château Marquis d'Alesme

Von diesem Holzturm aus konnte man früher die großen Schiffe auf ihrem Weg zum Weinhandelszentrum am Quai des Chartrons beobachten.

Becker erwarten, weiter fortfahren. Die größte ist vielleicht Jean-Claude Zuger selbst. Seine warmherzige Persönlichkeit und der freundliche Empfang sind der beste Beweis dafür. Er freut sich wie ein Kind, wenn er dem Besucher die Glassammlung seiner Frau zeigt, die Hightechbeleuchtung des Kellers, die ausgeklügelte Einrichtung des Degustationsraums – und vor allem schließlich ein Kanu, das in eine Theke umgewandelt wurde... Dieser authentische Stolz bildet das Gegenstück zu einer ohne Zweifel schwierigen Geschichte. Es war der Großvater von Jean-Claude Zuger, Edmond Ritz, ein Bergbauingenieur in den Kalibergwerken des Elsass, der die Katastrophe des Krieges vorausahnte, 1938 mit seiner Familie ein Refugium suchte und sich in Margaux niederließ. Sein Sohn Paul Zuger kaufte in den 1950er Jahren Château Malescot. 1979 überließ er dieses Weingut seinem älteren Sohn Roger, während Jean-Claude die Domäne Marquis d'Alesme Becker bekam. Das ist der Grund, warum dieser Wein, den man 1855 zu den Troisièmes Crus schlug, ein Vierteljahrhundert lang in den Gebäuden des Mutterhauses der Zuger hergestellt wurde, in Malescot. Deswegen bestand auch die Notwendigkeit, alles neu zu machen, angefangen von einem modernen Gärkeller bis zu den Lagerhallen. Im Jahr 2002 krönte die Union des Grands Crus diese langen Jahre lobenswerter Anstrengungen damit, dass sie die Domäne von Jean-Claude Zuger in ihre Reihen aufnahm. Das bedeutet natürlich nicht, dass nun schon alles in trockenen Tüchern ist. Aber es ist doch immerhin ein Zeichen dafür, dass die schönsten Hoffnungen berechtigt sind. Es bleibt zu wünschen, dass das Hufeisen, das, von einer gräflichen Krone geschmückt, schon seit langem die Weinetiketten ziert, der Domäne auf ihrem Weg zur definitiven Größe Glück bringen wird! M. W.

Der Marquis trug auch den Titel »ecuyer de Budos«, daher die vielen stilisierten Hufeisen (oben), überall auf dem Weingut. Die Fassade des Schlosses (gegenüber) sieht man erst auf den zweiten Blick.

4

Château Saint-Pierre

Château Talbot

Château Branaire-Ducru

Château Duhart-Milon

Château Pouget

Château La Tour Carnet

Château Lafon-Rochet

Château Beychevelle

Château Prieuré-Lichine

Château Marquis de Terme

CHÂTEAU
SAINT-PIERRE

Saint-Julien

Im Bordelais herrscht kein Mangel an Châteaus, die »Saint-Pierre« heißen, daher beeilen sich die Kenner des Médoc zu präzisieren, dass es sich um das ehemalige »Saint-Pierre Sevaistre« handelt, um es von den anderen zu unterscheiden. Warum Saint-Pierre? Weil ein Baron dieses Namens unter Ludwig XV. das Weingut erwarb, das nach seinem Tod zwischen seinen beiden Töchtern aufgeteilt und erst nach Ende des Ersten Weltkriegs wiedervereinigt wurde. Warum Sevaistre? Weil während der Belle Époque einer der beiden Teile einem Mann namens Pierre Sevaistre gehörte.

Ansonsten leidet die Ausstrahlung dieses Grand Cru, der seit 1855 an der Spitze der vierten Kategorie steht, etwas an der auffälligen Nähe zum Cru Bourgeois Château Gloria, dem Schmuckstück und neuen Flaggschiff der Domaines Martin. Dessen grandioser Erfolg hätte fast den alten Glanz von Saint-Pierre zum Verlöschen gebracht, wenn es nicht einen Besitzer gegeben hätte, der darauf bedacht war, eine solch unpassende Konkurrenz zu vermeiden. Denn just Henri Martin, der glückliche Besitzer von nebenan, erweckte den Grand Cru aus seinem Dornröschenschlaf. Zunächst kaufte er 1981 zusammen mit seiner Tochter das zauberhafte Château der Demoiselles Kapelhoff. Ein reizender Wohnsitz ist dieses Schlösschen aus dem 18. Jahrhundert, das im folgenden Jahrhundert einen entzückenden Anbau erhielt und in einem wundervollen, sechs Hektar großen Park mit Bäumen steht – der groß genug ist, um das umfangreiche Flaschenlager der Güter der Martins aufzunehmen. Der Appetit kommt beim Essen, und so erwarb der Besitzer von Gloria im folgenden Jahr gleich auch noch die Weinberge, rund achtzehn Hektar (von ungefähr vierzig zur Zeit der Klassifizierung), die von den Ländereien Gruaud-Larose, Leóville und Beychevelle umschlossen sind.

Zuvor war das »alte« Saint-Pierre etwas mehr als sechzig Jahre lang im Besitz der Antwerpener Kaufmannsfamilie van den Busche, die an der Ostseite der bewirtschafteten Fläche Weinlager errichtet hatte, auf Terrain, das inzwischen zu Ducru-Beaucaillou gehört. Das »neue« Saint-Pierre musste daher mit technischen Einrichtungen ausge-

Die Eingangshalle wirkt auf den ersten Blick etwas spröde, bei näherem Hinsehen enthüllt sich jedoch ihre für das Médoc typische Gemütlichkeit.

stattet werden, die dieses großen Weines würdig waren und ihrerseits den Bau neuer Gebäude erforderten. Henri Martin nahm das in die Hand, und der Architekt Alain Tiraud, dessen verwandtschaftliche Beziehung zu den Besitzern ihn für den Bau prädestinierten, machte sich an die Arbeit. Und bald wuchs ein großes Gebäude in die Höhe, das zur Bereitung und zum Ausbau der drei Weine der Domaines Martin dient. Wie auch immer die örtlichen Behörden dazu stehen mögen – vor allem in der Gemeinde waren einige gewagte Materialien und Formen auf Vorbehalte gestoßen –, die neuen Gebäude fügen sich auf gelungene Weise in die Weinbaulandschaft ein.

In hochmodernen Gebäuden wird also ein Rebensaft von uraltem Renommee zubereitet, ein Grand Vin ganz im Sinne Saint-Juliens, der zu den stärksten seiner Kategorie zählt und genug Gerbsäure enthält, um eine wundervolle Alterung zu versprechen. Seine Devise *Nec pluribus impar*, »Auch der Überzahl gewachsen«, war die Ludwigs XV. Mögliche Konkurrenten Saint-Pierres täten gut daran, über die Bestrebungen im Stillen und Verzögerungen, die sich inzwischen als vorteilhaft erwiesen haben, sowie über die Bedeutung der anfänglich mangelnden Popularität nachzudenken. A. B.

Unweit des hübschen Schlösschens der Demoiselles Kapelhoff (nebenstehend) wurden auf der anderen Straßenseite hochmoderne Kellergebäude mit Gärfässern aus Beton errichtet (oben).

CHÂTEAU
TALBOT

Saint-Julien

Über zehn Jahre nach dem Tod des Hausherrn und Meisters Jean Cordier im September 1993 ist seine Handschrift – besser seine Präsenz – immer noch deutlich zu spüren. Der Vater der heutigen Besitzerinnen Lorraine Rustmann und Nancy Bignon Cordier gilt hier für alle deutlich erkennbar weiterhin als eine Art Schutzpatron. Nur ein einziger weiterer Kommandant erreicht hier dasselbe Prestige: der alte ehrwürdige Connétable Talbot. Der große englische Feldherr war bis zu seiner Niederlage 1453 bei Castillon Gouverneur der Guyenne. Abgesehen vom Namen weiß man aber bis heute nicht, in welcher Beziehung er zu dem Weingut stand.

Jean Cordiers Vater Georges erwarb das Gut kurz vor dem Zweiten Weltkrieg. Seit jener Zeit ist die Domäne vom Geist einer fleißigen Familie durchdrungen, die ihren Anspruch mit der Großzügigkeit der Menschen aus dem Norden verbindet. Man begegnet diesem Geist überall: im familiären Wohnsitz; in der ergonomischen Anordnung der Gärkeller – dem von 1989 mit den Gärbehältern aus Eiche und dem von 1994 mit den Edelstahltanks; in der exemplarischen Sauberkeit der Kellerräume, die jedes erdenkliche Lob verdienen. Das dauernde Bemühen um Effektivität verbindet sich im Château Talbot mit der Aufmerksamkeit auch für die winzigsten Details. Man könnte den Geist, der dahinter steht, wohl Perfektionismus nennen. Alles ist so gepflegt, dass man einfach Vergleiche ziehen muss. Man träumt mit bewunderndem Erstaunen von jenem beruhigenden Gefühl, das man gewöhnlich in bestimmten Schweizer Pensionen empfindet.

Die einhundertacht Hektar dieses Gutes grenzen mitten in der Appellation Saint-Julien an Léoville-Poyferré und an Gruaud-Larose. Im Weinberg zeigt sich am besten die Perfektion, die das ganze Gut durchdringt. Die Parzellen werden einzeln entsprechend dem Reifegrad der Trauben geerntet. So hat man die Garantie, dass nur vollkommen reife Trauben in den Keller gelangen.

Bei jedem Schritt der Weinbereitung wird das Menschenmögliche getan, um das bestmögliche Produkt aus den Früchten zu bekommen. Vor der Endauslese passieren die Beeren zum Beispiel eine Maschine, mit der man die

Das seit den glanzvollen Zeiten von Jean Cordier unveränderte Anwesen erinnert an ein gemütliches Landhaus.

zarten Früchte vorsichtig trocknet. Muss man hinzufügen, dass diese Ausrüstung einzigartig ist im Médoc? Ein weiteres Beispiel, diesmal am anderen Ende der Produktionskette: In der Halle, in der der Wein abgefüllt wird, arbeiten Roboter. Alles ist technisch auf dem letzten Stand, natürlich aseptisch unter Laborbedingungen.

Hier harmoniert die Moderne auf beruhigende Weise mit dem alten Gemäuer. Diese subtile Alchemie bildet einen entscheidenden Faktor für ein lebendiges Weingut, in dem die Leidenschaft überall zu erkennen ist. »Um Besitzer eines Cru zu werden und zu bleiben«, schrieb ein weiterer Cordier mit Vornamen Désiré zur Zeit der Belle Époque, »muss man wahren Adel besitzen, der sich mit dem Adel des Gutes und des Weines identifiziert. Man muss dem alles unterordnen, zuallererst die finanziellen Interessen. Um Besitzer eines solchen Weinguts zu sein, muss man auf irgendeine Weise in seine Domäne verliebt sein.« Das ist schließlich auch das einzige Wort, das zählt, und man ist vielleicht erstaunt, dass man das nicht schon früher gemerkt hat. Alle diese Anstrengungen, dieses Streben nach Perfektion, gleichzeitig die freundschaftliche Atmosphäre, die man im Château Talbot wahrnimmt – dies alles deutet auf eine Triebfeder, die hinter allem steht und gleichzeitig zu auffällig ist, um sofort ins Auge zu springen: die Liebe zum Wein. M. W.

Alles passt perfekt zusammen: erlesenes Mobiliar, moderne Kellertechnik und ein wahrhaft großer Grand Vin.

CHÂTEAU
BRANAIRE-DUCRU

Saint-Julien

Die für Besucher und Fachpublikum bestimmte Broschüre über Branaire-Ducru unterscheidet sich von jenen, die gewöhnlich am Empfang der großen Châteaus des Médoc ausgegeben werden. Sie zielt auf das Image der Weinberge und der hochmodernen technischen Anlagen dieses besonderen Weinguts: gepflegt, ausgeklügelt und in perfekte Form gebracht. Patrick Maroteaux, der seit rund fünfzehn Jahren die Geschicke dieses Betriebes lenkt, steht voll zu diesen Ansprüchen. Mit seiner nicht unterzukriegenden Leidenschaft konnte er 1988 seine angeheiratete Familie, die seit langem in der Zuckerindustrie tätig ist, überzeugen, in dieses von ihren üblichen Sorgen weit entfernte Château zu investieren. Er hat gut daran getan, da sich die Übernahme dieses Quatrième Cru Classé als Erfolg herausstellte. Die hier herrschende Philosophie ist in der Broschüre so gut auf den wesentlichen Punkt gebracht, dass es schwierig ist, sich der Versuchung zu entziehen, gleich alle Texte nachzuerzählen.

Zu Beginn beschreibt Patrick Maroteaux die Vorzüge der großen Weine der Appellation und meint, dass alle, in verschiedenen Abstufungen, »die Komplexität und den Geist der Freude zusammen mit einer auch in Saint-Julien gebotenen höheren Tugend besitzen: Ausgewogenheit«. Ist das nicht hübsch gesagt?

Der Weinberg liegt auf einer sehr schönen Kuppe des Plateaus von Saint-Julien-Beychevelle in idealer Ausrichtung zum Fluss; die Nutzfläche beträgt rund fünfzig Hektar, was ebenfalls ideal ist. »Anders ausgedrückt«, sagt der Besitzer, »hatte Branaire alle Chancen. Glücklicherweise wurden nicht alle genützt.« Das Alter der Rebstöcke ist an sich schon ein Segen. »Weinreben und Menschen fehlt es nicht an Gemeinsamkeiten; dazu gehört auch das Alter: So um die fünfunddreißig Jahre erreichen sie ihre höchste Blüte. Davor hatte die Persönlichkeit nicht ausreichend Zeit, um sich zu festigen. Zwanzig Jahre später drückt sich die entwickelte Fülle oft mit zu starker Vehemenz aus.«

Patrick Maroteaux ist besonders stolz auf die gigantischen Arbeiten, die unter seiner Aufsicht im Bereich des Gärkellers erfolgten. Ohne Zweifel hat der Wille, nur das Beste zu akzeptieren, hier am deutlichsten Ausdruck gefun-

Die wunderbare Haupttreppe im Directoirestil ist unverändert erhalten geblieben.

den. Als Beweis dient der Umfang der im Jahr 1988 im Gärkeller durchgeführten Arbeiten. »Bescheidene Projekte sind keine Nahrung für große Ambitionen«, meint der Meister, präzisiert jedoch, dass die überall vorhandenen automatischen Kontrollen und Regulierungen auf ihre wichtigsten Funktionen eingeschränkt sind. Ansonsten ist es wie bei jedem Werk das Talent der Menschen, das die Wahl und die Entscheidungen diktiert. Und der Begriff Werk ist hier nicht zufällig gewählt.

Man würde viel versäumen, wenn man Branaire-Ducru verließe, ohne das hübsche Schlösschen besichtigt zu haben, in dessen Stil nichts Prahlerisches oder Eitles liegt. Die Prinzipien der Symmetrie und der stilistischen Abstimmung werden hier nur zu Gunsten einer gewissen Harmonie eingehalten. »Das ist Architektur«, sagt Patrick Maroteaux, »die, obwohl sie aus der Zeit der Französischen Revolution stammt, den italienischen Palladio-Villen aus dem 16. Jahrhundert recht ähnlich ist«, eine treffende Bemerkung, die unterstreicht, in welchem Ausmaß die derzeitigen Besitzer den Geist dieser Stätten und den Esprit ihres Gutes verinnerlicht haben. Jene, die in diesem intimen Verständnis einen Zufall sehen, sollten zugeben, dass sie falsch liegen. Denn es bestätigt sich immer wieder, dass bei Monsieur Maroteaux nichts dem Zufall überlassen wird. M. S.

Zum Charme der alten Gebäude (oben, Mitte links und gegenüber) gesellt sich modernste Kellertechnik (Mitte rechts und unten).

CHÂTEAU

DUHART-MILON

Pauillac

Als die Rothschilds, die Besitzer des benachbarten Château Lafite, 1962 Duhart-Milon kauften, waren zuvor innerhalb von fünfundzwanzig Jahren fünf Eigentümer aufeinander gefolgt. Keiner von ihnen hatte die Zeit gefunden, um sich wirklich um das Gut und vor allem um seine Modernisierung zu kümmern. Davor hatte die Familie Castéja das Gut über ein Jahrhundert lang bewirtschaftet und innerhalb der Familie weiter vererbt. Beim Erwerb durch die Rothschilds standen von den insgesamt einhundertzehn Hektar weniger als zwanzig unter Reben.

Die neuen Besitzer waren fest entschlossen, dem Gut den Rang zurückzugeben, den es schon vor langer Zeit verloren hatte. Zunächst ging es um grundlegende Arbeiten: Man musste das gesamte Gebiet entwässern, Rebstock um Rebstock in Ordnung bringen, gewisse Bereiche roden, zahlreiche Parzellen neu bepflanzen – etwa auf Kosten des Petit Verdot, der bisher zu stark vertreten gewesen war. Die gesamte Anlage und Organisation des Weinbergs musste verändert werden. Man passte den Lagerkeller der neuen Größe der Rebfläche an und installierte neue Gärtanks. Innerhalb eines Vierteljahrhunderts wuchs die bestockte Fläche von immerhin vierzig auf über siebzig Hektar.

Sprechen wir es aus: Die Käufer betrachteten ihre Intervention als eine Art Annexion. Sie waren nicht nur als gute Nachbarn da. Château Lafite-Rothschild grenzt im Westen an den Besitz. Die gemeinsame Grenze ist zu lang, als dass dieselbe Mannschaft nicht versucht hätte, ähnliche Methoden einzusetzen. Daher rührt auch das hervorragende Niveau, das der neue Wein von Duhart-Milon sehr schnell erreichte. Er wurde von Anfang an als Musterbeispiel eines großen Pauillac gepriesen. Klasse, Gleichgewicht und Finesse, ein unnachahmlicher Schwung charakterisiert diesen Quatrième Cru.

Woher stammt die Bezeichnung »Milon«? Vom Cru, könnte man antworten, weil dies schon zu den Zeiten des berühmten Ségur, des »Prinzen der Reben«, die Bezeichnung war für die Weine, die dem herrschaftlichen Gut von Lafite als Abgabe zustanden. Was »Duhart« betrifft, so war das wohl der Name eines Freibeuters oder besser eines Korsaren aus dem 18. Jahrhundert. Nachdem er ein Vermögen

Die neuen Wirtschaftsgebäude sind sichtbares Zeichen für die großzügigen Investitionen der Familie Rothschild, denen das Gut seit den 1960er Jahren gehört

50

zusammengerafft hatte, soll er sich an die Ufer der Gironde zurückgezogen haben, um hier friedlich seinen Lebensabend zu verbringen. Bis in die Mitte des vorigen Jahrhunderts konnte man übrigens mitten in Pauillac ein gewisses »Haus des Piraten« sehen, das heute noch die Zeichnung auf dem Etikett des Grand Vin inspiriert.

Sehr viel später, in der Zeit zwischen den beiden Weltkriegen, fasste die Familie Castéja ernsthaft den Bau eines Châteaus ins Auge, das dieses Grand Cru Classé würdig sein sollte. Am vorgesehenen Ort pflanzte man schon ein Eichenwäldchen. Aber das Gebäude blieb im Projektstadium stecken. Keine einzige Mauer wurde gebaut. Und die großen Eichen spenden heute der Küferei der Domänen des Barons de Rothschild Schatten. Es trifft zu: Ein fiktives Château ist wohl alles in allem das subtilste Erkennungszeichen für einen traumhaften großen Wein.

Aber im Ernst: Zwar besitzt das Weingut kein eigentliches »Château«, doch die Domäne, die die Rothschilds wieder aufgebaut und restauriert haben ist heute eines der großen Besitztümer im Médoc. Der Name ist voller Geschichte. Dank der Anstrengungen von drei Generationen wird Duhart-Milon erneut dem Ruf eines Quatrième Cru – des einzigen innerhalb der Appellation Pauillac – gerecht. M. W.

Das Gelb und Blau der Rothschilds schmücken die Betontanks (gegenüber). Aber auch in kleinen Details wird die Handschrift der Familie sichtbar, hier die halb geöffneten Türen zu den altehrwürdigen Kellern (Mitte). Auf dem Barriquefass (links) ist die Parzelle vermerkt, von der der Inhalt stammt.

CHÂTEAU
POUGET

Margaux

Im Jahr 2006 wird es für Lucien Guillemet einen Grund zum Feiern geben: Dann befindet sich Pouget seit hundert Jahren im Besitz der Familie. Andere würden sich darauf etwas einbilden, aber Eitelkeit liegt diesem Philosophen im Weinberg nicht, aus dem die klugen Sätze und vernünftigen Gedanken nur so hervorsprudeln. Man muss dazu sagen, dass er in den dreizehn Jahren, die er in Giscours als technischer Direktor verbrachte, wohl noch das gelernt hat, was ihm die Bibel seiner Vorväter nicht überliefert hat, vor allem die Zurückhaltung in Bezug auf die natürlichen Bedingungen und die Bescheidenheit in Bezug auf die menschlichen. »Erstere bleiben ein Leben lang gleich«, erklärt er, »und Letztere sind schwerer zu verändern, als man denkt. Kurzfristig kann man auf den Ausbau des Weines und die Assemblage setzen, längerfristig aber auf Bestockung und Anbaumethode.«

Man merkt bald, dieser Mann gehört nicht zu denjenigen, die für schnelle Eingriffe sind. »Die Weine der ersten Kategorie existieren auch ohne unser Eingreifen«, stellt er fest, »der Winzer muss sich nur auf sie einstellen. Bei denen der zweiten ist es anders, und das macht sie natürlich interessanter.« Besonders, muss man hinzufügen, wenn es sich um den Pouget handelt, der bei weitem der klassischere, traditionellere der beiden Grands Crus des Hauses Guillemet ist. Der leichte, samtige Boyd-Cantenac gehorcht moderneren Regeln.

»Beim Pouget«, räumt der Gutsbesitzer ein, »bewegt man sich auf Anhieb auf bekanntem Terrain. Daher beispielsweise die markantere Gerbsäure. Ich würde lügen, wenn ich Ihnen sagte, dass ich mit dieser Unterscheidung nichts zu schaffen habe, denn, um die Wahrheit zu sagen: Ich bemühe mich, sie leicht zu betonen, statt sie abzumildern.« Und der leidenschaftliche, aber auch vorsichtige Winzer fügt gleichsam rechtfertigend hinzu: »Im Grunde produziert man nur Weine, die man liebt, und ich liebe Weine, die sich gut trinken lassen.«

Aber sind nicht alle Weine zum Trinken da? Der Schalk blitzt in Lucien Guillemets Augen auf. »Was zählt, wenn man den Inhalt der Flasche in die Gläser eingeschenkt hat, ist, dass die Gläser auch geleert werden. Sie werden selbst feststellen,

Sorgfältige Pflege der Rebstöcke
ist die Grundlage für einen großen Wein.

dass man bei zahlreichen Weinen nicht zwangsläufig auf diese Idee kommt.« Das ist eine Anspielung darauf, dass einige Grands Crus darauf geeicht werden, die Kritik mit ihrer Konzentration zu verführen, sodass sie schwierig zu trinken sind, um nicht zu sagen, dass sie abstoßend sind.

Nichts dergleichen bei Pouget, wo man es versteht, eine sehr treue Kundschaft ohne Umstände zufrieden zu stellen. Denn im Gegensatz zum Boyd-Cantenac, der per Subskription gehandelt wird, wird dieser ausschließlich von zwei Händlern vertrieben, von dem einen in Frankreich, von dem anderen hauptsächlich in den Beneluxländern und in Dänemark sowie in Kanada und Asien. Diese Kunden legen keinen Wert auf Medaillen oder irgendwelche wertenden Empfehlungen. Sie erwarten von ihrem Lieblingswein, dass er in den wesentlichen Nuancen jedes Jahrgangs den speziellen Charakter zum Ausdruck bringt, den sie sich vor langer Zeit ausgesucht haben und für den sie votieren werden, solange dieser Charakter weitestgehend beibehalten wird. A. B.

Die Domäne hatte vor allem im 19. und 20. Jahrhundert ihre Blütezeit, wie dieses Steinmedaillon (rechts) und die Flasche des Jahrgangs 1918 (links) beweisen.

CHÂTEAU
LA TOUR CARNET

Haut-Médoc

Lassen wir zunächst den Ort für sich sprechen. Beobachten wir ihn ungezwungen und erfassen wir die Kraftfelder. Setzen wir ihn dann in Bezug zu seiner Geschichte und suchen Spuren nach dem Schlüssel zu seinem besseren Verständnis. Geben wir uns schließlich dem Geist hin, der ihn beseelt, wiegen wir uns darin und lassen wir uns von ihm verführen.

Man muss gestehen, dass diese Art der Annäherung umso leichter fällt, wenn der Ort so schön, markant und ausdrucksvoll ist wie La Tour Carnet. Der Anblick des Weinguts ist so beeindruckend, dass es einem die Sprache verschlägt.

Geografisch befindet sich das ehemalige Lehensgut genau zwischen Bordeaux und der Pointe-de-Graves. Das heißt, die Lage ist von strategischer Bedeutung und für den Handelsverkehr von Vorteil, eine Lage, die man um jeden Preis unter seine Kontrolle bringen muss, und sei es mittels ruinöser Befestigungsanlagen. Während des schier endlosen französisch-englischen Krieges um die Herrschaft über Aquitanien brachten die örtlichen Herren den englischen Löwen größere Treue entgegen als der französischen Lilie. Quellen bezeugen dies. Das bedeutet aber nicht, dass der majestätische Bergfried, der den gesamten Besitz überragt und im Mittelalter Tour Saint-Laurent genannt wurde, seinen mächtigen Verteidigungsapparat den Belagerern erst im Hundertjährigen Krieg entgegenstellte. Vielmehr stammt der Großteil des Bauwerks aus dem Jahr 1120 – so steht es auf dem Etikett des Grand Vin –, es ist also hundert Jahre älter als die ersten Weinberge auf dem umliegenden Land.

Geologisch handelt es sich bei dem Hügel von La Tour Carnet um eine örtliche Kuriosität: Der weit vorspringende Rücken, der die Weinberge um neunzehn Meter überragt, ruht – und das grenzt in den Augen der Winzer an ein Wunder – auf einem Sockel aus sehr kalkhaltigem Ton, den guter Kiesboden aus der Garonne und den Pyrenäen bedeckt. Wenn man das weiß, erstaunt es einen nicht mehr, dass dieser Weinberg früher als andere gute Weine lieferte, denen es bald gelang, sich durchzusetzen und die schon im 15. Jahrhundert überdurchschnittliche Preise erzielten. Es ist erwiesen, dass sich der Grand Vin de La Tour Carnet schon vor der Klassifizierung von 1855 unbestritten höchster Wertschätzung erfreute.

Der weithin sichtbare alte Wehrturm wäre die ideale Kulisse für einen Film über den Hundertjährigen Krieg.

Paradoxerweise spricht die äußere Befestigung für ein angenehmes, friedliches Leben im Inneren. Die sanfte Erhebung, das frische Wäldchen um das Château herum, die romantischen Wassergräben und die zauberhaften Gebäude aus dem 16. und 17. Jahrhundert hinter dem schmiedeeisernen Tor aus dem 18. Jahrhundert stehen in Einklang mit der wehmutsvollen Erinnerung an so berühmte Gäste wie Montaigne und La Boétie, deren Geist sicher bis in alle Ewigkeit über diesem Ort schweben wird, aber auch an die Männer aus dem schwedischen Adelshaus Luetkens, die das Gut vor den Ausschreitungen während der Revolution schützten.

Seit dem Jahr 2000 – ist dieses runde Datum von symbolischer Bedeutung? – liegt die Leitung von La Tour Carnet in den guten Händen von Bernard Magrez. Davon legt jede Degustation beredtes Zeugnis ab. Der neue Eigentümer ließ den Besitz nicht nur wundervoll restaurieren, er brachte auch den Weinberg voran, und die Erneuerung der technischen Anlagen führte dazu, dass sein Grand Vin an die hervorragende Qualität vergangener Jahre anknüpfen konnte. Gerade ließ er achtzehn Keltern mit einem Fassungsvermögen von nur siebzig Hektolitern aufstellen, die eine ideale Verarbeitung der einzelnen Parzellen erlauben.

Ein sicheres Gespür für Inszenierung begleitet diese Besitzübernahme. So sind in dem langen, schmalen Keller rund tausendvierhundert Fässer – gut die Hälfte davon ist neu – stufenförmig zu beiden Seiten eines Mittelschiffes aufgestellt. Dieses »Amphitheater des Weines« zählt sicher zu den beeindruckendsten überhaupt. A. B.

Eine bessere Visitenkarte für ein Weingut (gegenüber) kann es kaum geben: ein imposantes Anwesen mit herrlicher Fassade und exklusiven Salons, dazu einen beeindruckenden Barriquekeller (von oben nach unten).

CHÂTEAU LAFON-ROCHET

Saint-Estèphe

Als Guy Tesseron, der Vater von Alfred und Michel Tesseron, Lafon-Rochet im Mai 1960 erwarb, erfüllte er es sogleich mit der gelassenen Sicherheit eines Mannes, der dem Weinbaugebiet Cognac entstammte. Nach einhelliger Meinung war das Weingut damals dem Verfall nahe. Sichtbarstes Zeichen der Verödung war das Château, das praktisch nur noch eine Ruine war. Da eine Restaurierung sehr teuer und das Ergebnis zudem nicht sehr überzeugend gewesen wäre, beschloss der neue Besitzer, die alten Mauerreste niederzureißen. Danach ließ er ein neues Schlösschen Stein für Stein im Stil des 18. Jahrhunderts errichten. Dieser Fall ist und bleibt einzigartig im Bordelais, nichtsdestoweniger handelt es sich um ein Beispiel dafür, was in unserer Zeit unternommen wird, um an die große Tradition des Médoc mit seinen sinnbildhaften, renommierten Châteaus anzuknüpfen.

Der Architekt machte bei dem Spiel mit, und bald sah sich Lafon-Rochet mit einem Château in klassischem Stil und modernster Bauweise ausgestattet, das dem Grand Vin, der auf seinem Boden gedeiht, wieder ein Umfeld gab, das seinem Wert und seiner Klassifizierung entsprach. Für Michel Tesseron, der hier inzwischen seinen Vater abgelöst hat, wie für seinen Bruder Alfred in Pontet-Canet war es Ehrensache, dieses Unterfangen abzuschließen, indem er ihm den letzten Schliff gab. Er verpasste den Mauern einen leuchtend gelben Anstrich, der von den russischen Palästen zur Zeit Potemkins inspiriert ist. Dieser gewagte grelle Anstrich wurde auf Anhieb zum Markenzeichen des Hauses, man findet ihn auf den Etiketten wie an den Mauern der Wirtschaftsgebäude.

Letztere wurden gleichfalls vor nicht allzu langer Zeit errichtet, und Michel Tesseron war dabei sehr bemüht, Ästhetik mit Effizienz zu verbinden. »Es kostet nicht mehr, wenn man es schön macht«, sagt er. Vor allem die Beleuchtung im Gärkeller wird wie auf einer Theaterbühne geregelt. Im Keller sind die mächtigen, hochaufstrebenden rosa Säulen – sie ähneln ein wenig den Säulen des Minos-Palasts von Knossos – mit einer Sprinkleranlage ausgestat-

Unter Michel Tesseron bekam das Schloss einen neuen Anstrich. Leuchtend gelb liegt es inmitten der Weinfelder von Saint-Estèphe.

tet, die sie von Zeit zu Zeit mit einer zarten Wasserhaut überzieht. Das ist nicht nur schön anzusehen, sondern spielt auch eine wichtige Rolle für die Luftfeuchtigkeit im Keller.

Trotzdem sollte man sich nicht täuschen: Solche Anlagen haben immer nur unterstützende Funktion. Der größte Trumpf bleiben fünfundvierzig Hektar beneidenswerte und seit langem geschätzte Rebflächen, Saint-Estèphe-Ländereien am Rande von Pauillac, die zwischen den Weinbergen so angesehener Nachbarn wie Cos d'Estournel und Lafite-Rothschild liegen. Michel Tesseron ist bestrebt, das Terroir voll zur Geltung zu bringen und jedes Jahr das Beste aus diesem Boden herauszuholen. Er vergleicht sich mit einem großen Koch, der nur ein einziges Gericht im Jahr zubereiten darf und sich alle Mühe gibt, es nicht zu verderben. Auf poetische Weise betont er, dass »die Winzer der Natur gegenüber bescheiden sein sollen, da sie ihr so viel verdanken: den Boden, die Pflanzen, das Wetter. Bescheiden auch vor vor der Leidenschaft, die von Geburt an in ihnen lodert«. Wenn man ihm so zuhört, spürt man die Schwingungen dieser Leidenschaft. Klug schließt er: »Genau das ist unser Glück.« A. B.

Jenseits modernster Kellertechnik (gegenüber) bewahren die Besitzer auch den alten Charme des Gutes, hier die malerische Kapelle, die hufeisenförmige Treppe und ein verzierter Grenzstein (von links nach rechts).

CHÂTEAU
BEYCHEVELLE

Saint-Julien

Das »Versailles des Médoc« wird Beychevelle genannt, richtiger wäre es, von einem »Grand Trianon à la Bordelais« zu sprechen. Diese Bezeichnung ist übrigens nicht abqualifizierend gemeint, ganz im Gegenteil. Sie unterstreicht, dass das Gut in seiner Größe Harmonie und in seiner Monumentalität Charme bewahrt. Wie Mansarts Meisterwerk besteht es im Wesentlichen aus einem eingeschossigen lang gestreckten Flachbau, der sich über einem soliden Sockel erhebt und von einer balustradenumsäumten Bedachung nach italienischer Art gekrönt wird, dazu zwei schiefergedeckte Seitenflügel, die nur stellenweise von höher ragenden Gebäudeteilen durchbrochen werden. Das Bauwerk, das selbstverständlich im 19. und 20. Jahrhundert umgebaut wurde, stammt zum größten Teil aus der Mitte des 18. Jahrhunderts, als der Marquis de Brassier den großzügigen Hauptbau errichten ließ.

Der Vorhof, der die Ankommenden begrüßt, ist überaus reizvoll, aber die Gartenfassade hält eine noch schönere Überraschung bereit. Von der Terrasse oberhalb schnurgerade angelegter Gartenflächen aus sieht man über mehrere Ebenen gezähmter Vegetation bis zu den nahen Sumpfgebieten an den Ufern der Gironde hinweg. Man mag sich an dieser prächtigen Schneise gar nicht satt sehen, einer der schönsten Blicke auf den Fluss, die das Médoc bietet. Und man sagt sich, dass bei einer so grandiosen Aussicht ein besonderer Grand Vin gedeihen muss. Beychevelle ist zwangsläufig zur Weite verurteilt – im buchstäblichen wie im übertragenen Sinn.

Jedes Adelshaus ist bestrebt, die Erinnerung an berühmte Bewohner wach zu halten. Den Neorenaissance-Kamin eines der vielen Salons schmückt hier das Porträt des Herzogs von Epernon. Der Günstling Heinrichs III. und Marias von Medici war Seigneur von Beychevelle während seiner Zeit als Gouverneur von Guyenne. Der Überlieferung nach pflegten die Schiffe, die die Gironde hinauffuhren, zum Zeichen ihrer Treue die Segel einzuziehen, wenn sie die Höhe seines Lehensgutes passierten. Daher soll der Name Beychevelle »Lasst die Segel herunter« bedeuten.

Zwischen 1890 und 1989 bestimmten die Nachkommen Achille-Foulds, des großen Bankiers und Ministers unter Napoleon III., die Geschicke des Weinguts. Aymar Achille-Fould, der Letzte seines Geschlechts, konnte in den

Die mit Vasen aus dem 17. Jahrhundert geschmückten Pfeiler des Vorhofs geben bereits einen Vorgeschmack auf eine im Médoc einzigartige Architektur.

1970er Jahren den berühmten Professor Peynaud als Berater gewinnen. Beider Ziel waren strengere Kriterien für die Auswahl der Trauben und, darauf aufbauend, eine Verbesserung der Qualität des Grand Vin. Das war wichtig und richtig.

Inzwischen lösten Pascal Ribéreau-Gayon und Jacques Boissenot den Professor ab. Die Gruppe GMF ist seit 1984 Eigentümer, erwarb nach dem Tod Aymar Achille-Foulds 1986 die Mehrheit und verband sich 1988 mit der japanischen Suntory-Gruppe zum Unternehmen Grands Millésimes de France, das jetzt Eigentümer ist.

Und was sind die Besonderheiten dieses Weinguts? Zunächst ist hervorzuheben, dass Beychevelle über einen eigenen Bauernhof verfügt, dessen nicht unerheblicher Bestand an Rindern die erforderliche Menge natürlichen Düngers liefert. Zweifellos ist es reizvoller und interessanter, die traditionelle Mitwirkung des Hauses an prestigeträchtigen Projekten zu unterstreichen, die weit über den Rahmen des örtlichen Lebens hinausgehen. Nach der Gründung einer Art aquitanischen »Villa Medici« und der Einrichtung von Ateliers für Drehbuchschreiber der Association Equinoxe unter dem Vorsitz von Jeanne Moreau veranstaltet Beychevelle häufig kulturelle Veranstaltungen, vor allem wunderbare Konzerte. »Dieses Château ist kein Privathaus mehr«, heißt es vor Ort, »sondern soll der gesamten weinliebenden Menschheit offen stehen.« A. B.

Zu Zeiten des Duc d'Epernon (Mitte) war die Fassade zum Fluss noch wesentlich bescheidener als nach dem Ausbau des Gutes im 17., 18. und 19. Jahrhundert (gegenüber).

CHÂTEAU
PRIEURÉ-LICHINE

Margaux

Gewisse Orte scheinen eine schicksalhafte Vorbestimmung zu haben. Wie jene Menschen, die offensichtlich während ihres ganzen Lebens von einem guten Stern begleitet werden, hat man auf diesen Gütern auch das Gefühl, dass sie alle Schicksalsschläge überwinden können und immer wieder neu aus der Asche entstehen. Das Château Prieuré-Lichine gehört zu diesen glücklichen Domänen. Es erlebte den Besitzerwechsel zur Zeit der Revolution, die Krise des Weinbaus, den Tod eines großen Gönners und entstand jedes Mal wieder neu, gestärkt und heiter.

Über das Priorat von Cantenac, das im 16. Jahrhundert von den Mönchen der Abtei Vertheuil gegründet wurde, weiß man längst noch nicht alles, aber es ist bekannt, dass die Weine einen großen Ruf genossen, und deren Überschüsse dienten damals als Maßstab für die steuerliche Einstufung aller Crus der Region. Als das Priorat säkularisiert wurde, lebte es immerhin im Namen des Weinguts weiter und fand hier eine neue Existenzberechtigung.

In der Klassifizierung von 1855 taucht das Gut noch unter der Bezeichnung Château Le Prieuré auf. Auch dessen Geschichte verdiente eine gründliche Erforschung. Der Höhepunkt begann mit dem Jahr 1951. In diesem Jahr ging die Domäne in den Besitz der schillerndsten Persönlichkeit über, die sich jemals in den Weinhändlerkreisen von Bordeaux bewegt hatte: Alexis Lichine. Seine Eltern waren nach Amerika ausgewanderte Russen. Der junge Kaufmann begeisterte sich früh für große Weine. Er trug dazu bei, dass sie heute wie Bilder und Kompositionen zu den höchsten Kulturgütern gerechnet werden. Die New Yorker Presse nannte ihn nur den »Weinpapst«. Er war ein moderner Grandseigneur, der durch seinen funkelnden Verstand etwas an Vladimir Nabokov und durch seinen hochtrabenden Ton an Sacha Guitry erinnerte. Er begeisterte nicht nur seine amerikanischen Mitbürger für den französischen Nektar, sondern zeigte auch den Franzosen selbst – zunächst vor allem im Bordeauxgebiet –, welch unerhörtes Potential auf dem Gebiet des Weines sie besaßen.

Diese mit Kaminplatten geschmückte Wand gibt einen Eindruck vom Geschmack von Alexis Lichine.

1953 wurde das Château Prieuré-Cantenac offiziell in Prieuré-Lichine umgetauft. Von diesem Zeitpunkt an gelang es Alexis Lichine, durch Tausch und vor allem Kauf von Parzellen aus den drei Premiers Crus sein Weingut stark zu vergrößern, allerdings auch um den Preis der Aufsplitterung auf die fünf Gemeinden der Appellation. In drei Jahrzehnten wuchs es von zehn auf über sechzig Hektar! Der Meister war überall präsent. Sein Wissen über den Weinbau, seine Erfahrung bei der Weinbereitung wirkten Wunder. Der Ruf seines »neuen« Grand Cru überstieg schnell den Rang, der ihm bei der Klassifizierung von 1855 zugestanden worden war. Die rhetorische Begabung von Lichine, sein Gefühl im Umgang mit den Medien und seine legendäre Gastfreundschaft taten ein Übriges: Die Kritik beförderte den Prieuré-Lichine bald ganz an die Spitze.

Diese Art Medaille hat auch immer ihre Kehrseite. Als der große Alexis 1989 starb und an einem der schönsten Flecken seines Besitztums begraben wurde, ließ die plötzlich entstandene Lücke das Schlimmste befürchten. Sein Sohn Sacha Lichine übernahm nicht weniger couragiert das Steuer und verfolgte die Politik, die Produktivität ins Zentrum zu stellen. Das wurde bald kritisiert, doch damals gab es auch gute Gründe dafür. Zehn Jahre darauf überließ er das Schmuckstück seines Vaters der Gruppe Ballande, die sich aber so klug verhielt, dass eine weitere Wiedergeburt möglich wurde – immer wieder dieser gute Stern!

Sofort konzentrierten sich die jungen Gutsverwalter auf das Potential des Weinbergs. Sie knüpften wieder an das frühere Qualitätsdenken an und gaben damit dem Prieuré-Lichine sein Prädikat zurück. Es ging darum, diesem großen Wein seine Rasse, seine Eleganz und seine subtile Komplexität wieder zu verschaffen. Das bedeutete, dass man nach der Meisterung aller Probleme mit der Weinbereitung die gesamte Aufmerksamkeit dem Ausgangsprodukt schenkte, den Reben und den Trauben. Diesen Preis musste man bezahlen, damit Prieuré-Lichine sich erneut als Nabel der Appellation Margaux etablieren konnte. M. W.

Das alte Klostergebäude hat nichts von seiner Liebenswürdigkeit verloren (oben links). Im Keller (gegenüber) stechen die auffälligen blauen Säulen hervor.

CHÂTEAU
MARQUIS DE TERME

Margaux

Angesichts der Finanzkrise des Jahres 1929 wurden die Besitzverhältnisse der Familiengüter fast überall neu geordnet. In dieser Region gingen damals viele Domänen in neue Hände über, so auch das Château Marquis de Terme, das bis 1935 der Familie Feuillerat gehörte und dann Besitz der Familie Sénéclauze wurde. Diese Familie lebte seit langem in Oran und hatte sich durch den Export algerischer Qualitätsweine einen soliden Ruf erworben. Das war allerdings nicht unbedingt eine Voraussetzung für eine Ansiedlung im Médoc, weil hier die Witterung ungünstiger und der Boden deutlich vielfältiger ist. Pierre Sénéclauze gab die großen klar festgelegten Ziele für das Gut vor und überließ dessen tägliche Leitung dem Können eines Verwalters. Auch seine Söhne folgten ihm in dieser Politik.

Seit jener Zeit hatten nur zwei Männer den Posten des Verwalters inne. Das vermag uns eine Vorstellung von ihrer Kompetenz und vom Vertrauen geben, das sie genossen. Nach Alexandre Tolo leitet seit 1974 Jean-Pierre Hugon, eine wohl bekannte Figur im Weinbaugebiet des Médoc, die Geschicke des Château Marquis de Terme. Er selbst ist der Sohn eines Winzers und mit dem Landleben verhaftet. Er zeigt eine Mischung aus Redseligkeit und Resignation, die unweigerlich an Don Camillo denken lässt. Er bezieht sich kaum auf die heroischen Zeiten und zeigt gegenüber den Zielen und Methoden dieser Zeit einen Vorbehalt, der an Mitleid grenzt. »Zu Beginn der 1970er Jahre«, erinnert er sich, »hatte man vor allem den Ertrag im Auge. Im Vergleich zum dem, was wir heute tun, war das keine gute Arbeit. Man arbeitete mit Rebsorten, die selbst auf ein und derselben Parzelle gemischt sein konnten, man arbeitete in unbequemen Kellern, die hygienisch nicht immer auf der Höhe waren, man arbeitete mit ungeeigneten Gärtanks und Barriques, die teilweise älter waren als zwanzig Jahre!« Dabei darf man aber nicht vergessen, dass damals auch Spitzenjahrgänge entstanden, etwa der von 1975.

Aber es führte nichts daran vorbei: Im Château waren auf allen Ebenen grundlegende Renovierungen notwendig, damit der Wein seine ganze Fülle zurückerlangen konnte. »Die Geschichte dieses Vierteljahrhunderts ist die einer

Dieser Balkon mit Blick auf den baumbestandenen Park lässt die Ruhe und Heiterkeit des Ortes erahnen.

Wiederauferstehung«, meint Jean-Pierre Hugon und zählt dann geduldig, Saison für Saison, die Veränderungen auf, die unter seiner Leitung durchgeführt wurden: Ausdehnung der Rebfläche um rund zwölf Hektar in fünfundzwanzig Jahren, Verbesserungen beim Sortenbestand, Perfektionierung des Gärkellers mit dem völligen Übergang zum Edelstahl, während der 1980er Jahre Bau eines Barriquekellers, der dieses Namens auch würdig ist, und von klimatisierten Räumen für die Flaschenlagerung sowie schließlich die Unterstützung des Handels bei seinen Verhandlungen mit den großen Vertriebsfirmen.

Aber es ging niemals darum, sich blindwütig in jede beliebige Innovation zu stürzen. Die Entscheidungen, die auf dem Gut getroffen werden, sind stets bewußt fortschrittlich und doch reiflich überlegt, also keine Schnellschüsse. Seitdem beispielsweise über das Klonen oder die Abfüllung unter Druck gesprochen wird, denkt man im Château Marquis de Terme über diese Dinge intensiv nach. Langfristig kann man deren Auswirkungen oft gar nicht vorhersagen. Der Verwalter des Weinguts achtet darauf, dass solche Dinge nicht überstürzt werden und will die ganze Angelegenheit als »guter Familienvater« regeln, um einen in Frankreich üblichen juristischen Ausdruck zu verwenden.

Wenn er sich über etwas beklagen möchte, dann darüber, dass die gesetzlichen Verpflichtungen und bürokratischen Aufgaben immer mehr überhand nehmen. Er empfindet sie als mühselig, angefangen von den Vorschriften zur Verhinderung von Arbeitsunfällen bis zur Entsorgung der Abfälle. Wie viel wertvolle Zeit, wie viel Energie geht verloren und könnte für das eigentliche Ziel genutzt werden: für die Produktion von möglichst guten Trauben, um daraus einen Wein zu keltern, der die Qualitäten des Terroirs möglichst getreu widerspiegelt und die Werte der Appellation so gut es geht respektiert. M. W.

Klassisch das Schloss, das die Weinberge beherrscht (unten). Traditionell das halb im Boden versenkte Kellergebäude mit eindrucksvollem Dach. Nahezu unverändert das Etikett des Grand Vin (Mitte). Uralt der Kamin mit dem Familienwappen und viel versprechenden Flaschen (gegenüber). Einzigartig die mit Fayencen geschmückten Betontanks (oben).

5

Château Pontet-Canet

Château Batailley

Château Haut-Batailley

Château Grand-Puy-Lacoste

Château Grand-Puy Ducasse

Château Lynch-Bages

Château Lynch-Moussas

Château Dauzac

Château d'Armailhac

Château du Tertre

Château Haut-Bages Libéral

Château Pédesclaux

Château Belgrave

Château Camensac

Château Cos Labory

Château Clerc Milon

Château Croizet-Bages

Château Cantemerle

CHÂTEAU
PONTET-CANET

Pauillac

Das feine, goldene Abendlicht, wie es häufig in der Gegend um Pauillac zu beobachten ist, taucht die Weinberge von Pontet-Canet in rote Glut, fast achtzig Hektar gleichmäßiges Land in unmittelbarer Nachbarschaft einer Domäne von Weltrang: Mouton Rothschild. Der Blick schweift über die Hügel und verliert sich in endlosen Tälern. Auf dem eleganten Hochplateau des Châteaus, von wo aus man in der Ferne den Fluss erblickt, und in den wohlproportionierten Höfen der Weinlager werden die Schatten immer länger und die Kontraste immer deutlicher. Alfred Tesseron macht sich in Stiefeln und Hut auf seinen letzten Rundgang an diesem Wochenende. Seine Augen strahlen vor berechtigtem Stolz, als er Stück für Stück die eisernen Gitter seiner Keller hinter sich schließt, und der Blick, mit dem der willensstarke Mann die Anlage umfängt, zeugt von der Befriedigung, seine Pflicht erfüllt zu haben.

Durch bemerkenswerte Investitionen wurde das Weingut, das einst Tesserons Vater aus einem Dämmerschlaf geweckt hatte, in nur wenigen Jahren von Grund auf erneuert. Seitdem wetteifern die Söhne und ihre Mannschaft mit ihren Erfahrungen und intimen Kenntnissen vor allem in der Verbesserung der Behandlung der Trauben nach der Lese miteinander. So wurden etwa Kunststoffsteigen den Erfordernissen der Ernte angepasst; sie ermöglichen einen sorgfältigen, vorsichtigen Umgang mit den Trauben und erleichtern den Transport. Das Sortieren geht in einem großen, hellen Raum in der ersten Etage unter perfekten ergonomischen Bedingungen vonstatten. Von dort rutschen die Trauben, »so schön und rein wie Kaviar«, in drei Arten von Keltern: Holz, Beton und Edelstahl bieten maximale Anwendungsmöglichkeiten. Dazu kommen die hochwertigen Lager, die wahre Schönheit der riesigen Keller, und seit kurzem die Gebäude um einen neuen, dritten Hof, die der Lagerung und Abfüllung dienen.

Bei Pontet-Canet dauerte es etwas länger als bei anderen, bis sich das Gut neuen Ideen öffnete, aber das liegt daran, dass in diesem Haus nichts unüberlegt geschieht.

Vom Keller aus führen zwei schwungvolle Treppen einen Stock höher. Dort werden die frisch gelesenen Trauben verarbeitet.

SORTIE

Mit leichter Bitterkeit erinnert sich Alfred an die strenge Reaktion seines Vaters auf die erste Grünernte im Jahr 1994. Der ausgezeichnete Winzer alter Schule verbat sich die leichtfertige »Verschwendung« von Trauben, um deren reiche Ernte er sich in jahrelanger Arbeit bemüht hatte. Erst die einhellige Begeisterung der Kritiker, die den Vorzügen des neuen Grand Vin nicht widerstehen konnten, konnte seine Vorbehalte ausräumen.

Zwar ist die Zeit vorbei, in der der Pontet-Canet auf den Weinkarten des Train Bleu und der Compagnie des Wagons-Lits stand, dennoch genoss der erstklassige Cinquième Cru nie größeres Ansehen. Dies ist sicher auf die – allerdings diskrete – Disziplin zurückzuführen, die auf dem Gut herrscht. »Wesentlich erscheint mir, unter keinen Umständen das *bien vivre*, das dem Ruf unserer Weine anhaftet, aus den Augen zu verlieren«, versichert Alfred Tesseron. Der behagliche Charakter des Châteaus mit seinen blank polierten, mächtigen Säulen, seinen wundervollen schmiedeeisernen Geländern, seinen hübschen, mit Fayencen geschmückten Kaminen unterstreicht die Aussage des Hausherrn.

Und man ertappt sich bei der Vorstellung, wie die Zimmer nach Einbruch der Dunkelheit mit Leben erfüllt werden von fröhlichen Kennern, die vom Charakter der Gegend ebenso durchdrungen sind wie von den Qualitäten eines gewissen *savoir-faire*, die gelehrt und zugleich einfach sind, die den Lauf der Jahrhunderte kennen, aber trotzdem nicht zur Schulmeisterei so mancher Experten neigen, kurz: Gäste, wie man sie liebt, die sich nach den Worten Jacques Préverts »an französischer Geschichte wie an Pontet-Canet berauschen«. A. B.

Das stattliche Château (oben) zieren eine geschmackvolle Treppe und Empfangsräume mit Holzsäulen (unten und gegenüber).

CHÂTEAU
BATAILLEY

Pauillac

Schöne Salons, ausgestattet mit Mobiliar aus der Epoche; ein Flur im schicken englischen Stil wie auf einem Aquarell von Serebriakov; der honigsüße Duft des Bohnerwachses, der wie ein Lob auf die Tugenden der Hausfrau erscheint; eine Bibliothek voll mit Büchern vom Boden bis zur Decke, reich, ausgeglichen wie ein gut zusammengestellter Weinkeller, wobei die seltenen Ausgaben wundervolle Einbände tragen; ein Speisesaal schließlich im Stil des Cru mit feinen Kristallgläsern und feinstem Geschirr, sodass die Speisen und herrlichen Jahrgänge besonders gut zur Geltung kommen… Es ist schade, dass die Diskretion von Madame Castéja, die Mutter, das Innere von Château Batailley vor allen zu neugierigen Blicken abschirmt. Nur wenige Landsitze im Bordeauxgebiet halten in unseren Tagen die Traditionen der Familie und der Lebenskunst aufrecht, die zwei Jahrhunderte lang den Ruhm des Médoc-Gebietes ausmachten.

Philippe Castéja ist ebenso diskret wie seine Mutter, eine geborene Borie, allerdings auf andere Art. Er kultiviert das Understatement und liebt die Litotes. »Wir haben hier«, sagt er, »recht gute Gebäude«, bevor er uns in einen der schönsten Kellerhöfe vorangeht, die es gibt. Aber er möchte sich nicht weiter ausbreiten über die Schönheiten, die ohnehin auf der Hand liegen. Sein Gut ging 1942 aus einer Erbteilung vor, bei der Batailley ohne Zweifel den besseren Teil darstellte. In einem Nebensatz über den Park erwähnt er den Namen Barrillet-Deschamps, der immerhin der Landschaftsarchitekt Napoleons III. und der Kaiserin Eugénie war. Auf ihn gehen die Gärten von Batailley zurück. Auch die Halle mit ihren schönen Metallträgern gibt nur widerwillig ihre Herkunft preis: keine geringere als von der Weltausstellung 1889, die des Eiffelturms.

Emile Castéja, sein Vater, spricht mit der Offenheit und dem gesunden Menschenverstand, die typisch sind für die großen Winzer seiner Generation, und hält sich gern mit den rührenden Erinnerungen an eine gar nicht so ferne Zeit auf, in der der Wein aus dem Médoc sein altes Prestige eingebüßt hatte, während der kommerzielle Aufschwung der 1980er Jahre noch fern war. Es musste damals irgendwie weitergehen, und Emile Castéja erinnert sich ohne fal-

Neben der französischen weht auch die österreichische Flagge am Eingang, denn der Besitzer ist der Konsul Österreichs in Bordeaux.

MASTER MIND

sche Scham an die schwierigen Augenblicke und die mageren Jahre. Dank seines ausgezeichneten Gedächtnisses weiß er genau über die Witterung eines jeden Jahres und die Merkmale der Jahrgänge Bescheid. Einige waren vollkommen wie im Jahre 1961, in dem er selbst die Nachfolge von Marcel Borie antrat. Andere fielen mittelmäßig oder ungenügend aus wie 1974.

Heute leitet Philippe Castéja das Château Batailley mit demselben Geschick, mit dem er auch als Präsident des Conseil des Grands Crus Classés auftritt. Er versteht es, Nutzen aus dem Besten zu ziehen und kommt auch mit dem weniger vollkommenen Guten zurecht. Er ist mit allen gesetzlichen Bestimmungen und den Kniffen seines Metiers vertraut, bei dem jede Taktlosigkeit teuer bezahlt werden muss. Mit einem Wort: Er ist in tiefster Seele ein Diplomat – und nicht zufälligerweise war sein Vater österreichischer Konsul. Diplomatie nutzte Philippe Castéja sehr viel bei seiner Tätigkeit, wie seine Erfolge zeigen, und der Wein von Batailley bleibt in Frankreich und in der ganzen Welt einer der bekanntesten der gesamten Appellation Pauillac. M. W.

In der Heimat Montaignes und Montesquieus sollte in jedem Schloss eine gut ausgestattete Bibliothek Pflicht sein. Château Batailley ist jedoch eine der seltenen Ausnahmen (gegenüber). Der kleine Bacchus (Mitte rechts) erinnert an den Zwerg Perkeo im Heidelberger Schloss. Er hält seine schützende Hand über Haus, Keller und Hof der Familie Castéja (von unten nach oben).

CHÂTEAU
HAUT-BATAILLEY

Pauillac

Die moderne Wiedergeburt dieser Domäne verdankt sehr viel der persönlichen und absolut lobenswerten Motivation ihres Besitzers. »In den 1940er Jahren«, so erklärt heute François-Xavier Borie, »empfand mein Großvater den starken Wunsch, einen Grand Cru ganz für sich zu haben –, ein Stück Land, auf dem er nach seinen Vorstellungen schalten und walten konnte. Damals besaß er zusammen mit meinem Großonkel das Handelshaus Borie Frères. Er verkaufte einen Teil, um Haut-Batailley zu erwerben. Das Gut erschien ihm ideal für das, was ihm vorschwebte, und er wollte dort die für die Produktion eines großen Weines notwendige Infrastruktur schaffen.«

Der Großvater renovierte und vergrößerte also die existierenden Gebäude und machte daraus einen richtigen Keller. Das sind die großen Bauten im baskischen Stil, die man heute noch sieht. Das auffälligste Bauwerk in Haut-Batailley ist gleichzeitig auch das am wenigsten repräsentative. Es handelt sich um den zarten, weißen, romantischen Turm. Die Demoiselles Averous, die sich durch ihren festen Glauben und durch häufige Pilgerfahrten nach Lourdes auszeichneten, ließen ihn an der Grenze zum Château Lynch-Bages bauen. Der Name der Tour l'Aspic bezieht sich auf die Aspisviper, das Symbol Satans, die Schlange also, die Maria im Triumph des Guten über das Böse mit den Füßen zertritt. Borie verbirgt übrigens nicht, dass Haut-Batailley an einem gewissen Mangel an Identität leidet. Innerhalb der gesamten Vermögensstrategie der Familie nimmt die Domäne vielleicht nicht ganz die Stellung ein, die ihr gebührt. Oder anders gesagt: Die paar hunderttausend Flaschen, die jedes Jahr produziert werden, haben die Hauptaufgabe, »Terrain zu besetzen«. Das bedeutet, dass sie auf dem Markt eine Nische einnehmen, die sonst die Konkurrenz besetzen würde.

Das bedeutet aber übrigens nicht, dass der Grand Vin von Haut-Batailley nicht der Klassifizierung von 1855 würdig wäre. Ganz im Gegenteil: Er rechtfertigt noch heute sehr wohl den Rang, der ihm damals verliehen wurde. Er schmeckt einfach etwas runder, etwas femininer als ein klassischer Pauillac. Sein weicher, leicht zugänglicher Stil und seine deutliche Finesse verleihen ihm eine einzigartige Sonderstellung, und er wirkt daher innerhalb der Appellation etwas untypisch. Durch seinen versöhnlichen, leicht zugänglichen Charakter hat er Eingang gefunden in das Angebot vieler großer Restaurants. Die Sommeliers trauen ihm zu, dass er dem Gaumen ihrer Feinschmecker schmeichelt. M. W.

Die Wirtschaftsgebäude sind eine Stilmischung aus dem Südwesten Frankreichs, wo vor allem der Einfluss des Baskenlandes vorherrscht.

Die schon von weitem sichtbare Tour l'Aspic (gegenüber) ist ein Symbol für die Wohltätigkeit der ehemaligen Besitzer, der Demoiselles Averous. Sie krönt eine Marienstatue.

CHÂTEAU
GRAND-PUY-LACOSTE

Pauillac

Puy, tertre, mont, clos... eine Fülle an topografischen Bezeichnungen für jene bescheidenen Erhebungen dieser Gegend, die jedoch eine entscheidende Rolle bei der Entwässerung der Rebflächen spielen und folglich zum Wert der Weingüter beitragen. Grand-Puy-Lacoste hat nördlich der Landstraße, die Pauillac mit Saint-Laurent verbindet, bei rund zwanzig Metern seinen höchsten Punkt. Lacoste ist der Name der Familie, die das Gut vom Beginn des 18. bis zum Ende des 19. Jahrhunderts besaß – gerade bis zur Reblausepidemie. Lange Zeit fügte man diesem Namen jenen eines angeheirateten Verwandten hinzu, de Saint-Guirons, aber dessen Erwähnung ist heute nicht mehr üblich.

Von 1932 bis 1978 regierte hier unangefochten eine der legendären Figuren des Médoc. Raymond Dupin war Grandseigneur, Genießer, Absolvent der École Polytechnique und Präsident der Vereinigung der Crus Classés des Médoc, ein Epikureer im philosophischen und übertragenen Sinn. Er stammte aus einer Notarsfamilie aus den Landes und legte seine Rolle wie die eines Dirigenten an; ansonsten delegierte er die praktischen Aspekte der Führung des Gutes gerne an irgendeinen – wie er sagte – »Bevollmächtigten«. Ein Empfang an der Tafel dieses Feinschmeckers galt als Nachweis der Zugehörigkeit zur kleinen Welt der großen Châteaus und gab ein Bild der Eleganz und Raffinesse von wohl verstandenem Hedonismus.

Die Frage um seine Nachfolge schien den alten Herrn über Jahre beschäftigt zu haben; seine Wahl fiel schließlich auf Jean-Eugène Borie und dessen Sohn François-Xavier: Hatten sie denn nicht besonders in Ducru-Beaucaillou ihr Talent bewiesen? Im Rahmen von zwei denkwürdigen Mittagessen wurden Abmachungen getroffen, die die Transaktion erleichterten. Der weitere Verlauf sollte die Richtigkeit dieser Wahl zeigen: Die Bories konnten für Grand-Puy-Lacoste das Maximum aus der Expansion in den 1980er Jahren herausholen. Es kam noch besser: Seit Beginn des folgenden Jahrzehnts zeichnete sich der Grand Vin durch eine überaus exquisite Qualität aus, die nach Meinung der Experten seine Position in der Klassifizierung von 1855 übertrifft.

In den einladenden Salons im Erdgeschoss herrscht noch immer der Geist des großen Raymond Dupin.

Die Jahre vergingen. François-Xavier, der seit 1978 mit seinem Vater zusammengearbeitet hatte, hatte sich seither Grand-Puy-Lacoste gewidmet und dabei sich auch mehr und mehr um die anderen Domänen der Familie gekümmert. Erst 2003 beschloss dieser vorsichtige Erstgeborene, die Zügel des Besitzes in Saint-Julien seinem Bruder und seiner Schwester in die Hand zu geben, um sich wieder in Grand-Puy-Lacoste niederzulassen. Auf diesem ruhigen Landsitz, in dessen Kapelle regelmäßig die Tauffeiern der Familie stattfinden, fühlte er sich immer zu Hause. Und so nahm der ehemalige Leiter, der sich »auf Anhieb wie ein Fisch im Wasser« einlebte, erneut seine Stellung ein, als ob er sie gestern erst verlassen hätte. Er weiß, dass er auf die Treue eines Teams zählen kann, das bestimmten Familiengesetzen verbunden ist.

In diesem erfolgversprechenden Umfeld hat man umfangreiche Arbeiten in Angriff genommen, die der Rationalisierung der Arbeitsgänge dienen sollen. Dies bestätigt, dass man bei den Bories niemals vergisst, dass der Daseinsgrund für all dies der Wein ist – ein Produkt, das die Menschen viel eher befreit, denn einschränkt. »Ab einem gewissen Niveau wird der Wein zur Sprache«, sagt der würdige Nachfolger des Absolventen der École Polytechnique. »Er spricht eine universelle Sprache, ein bisschen wie Musik oder Sport. Ich bin überglücklich, dass meine Kinder dies erfasst haben und im Wein ein außergewöhnliches Kommunikationsmittel sehen – eine unverhoffte Öffnung gegenüber der Welt.«

Eine Hausangestellte, die schon dem guten Herrn Dupin gedient hatte, durchquert diskret den Salon. Ihre Treue im Gedenken an diesen großen Mann beeinträchtigt die Bindung an die derzeitige Familie in keiner Weise. Und was man im Blick dieser Dame liest, ist das lebende Beispiel dessen, was institutionelle Besitzer nie haben werden, auch wenn sie die besten Absichten hegen. M. S.

Das Herrenhaus (gegenüber) hat nichts von seiner Pracht verloren. Hinter seiner reich verzierten Fassade verbergen sich Keller und liebevoll eingerichtete Salons. Es gibt sogar einen Schwanenteich (unten rechts).

CHÂTEAU GRAND-PUY DUCASSE

Pauillac

Die Uferstraßen der Gironde verbreiten in Pauillac jene sanfte Atmosphäre, die zum süßen Nichtstun einlädt und die nostalgische Stimmung wachruft, die sonst kleinen Badeorten am Meer eigen ist. Der Ausblick von der langen Promenade auf Schiffe, Senknetze und Dämme verschmilzt mit dem Hintergrund der Fluten und der Île Philippe zu einem frischen und naiven Gemälde, weit entfernt vom bisweilen kargen Bild, das man sich im Allgemeinen vom Weinbaugebiet des Médoc macht. Hier, mitten im Stadtzentrum und ein paar Schritte vom Rathaus entfernt, befindet sich das einzige wirklich städtische Château des Médoc: Grand-Puy Ducasse.

Im Gegensatz zu jenen von Haut-Brion liegen die Weinberge dieses Gutes nicht *intra muros*, man muss sogar einige Kilometer zurücklegen, um sie, aufgeteilt auf drei Gruppen, zu finden: Der Hauptteil im Westen fügt sich natürlich in den »Grand-Puy« ein; ein zweiter befindet sich nördlich von Pauillac in der Nähe von Pontet-Canet und ein dritter Teil, weiter südlich in der Nähe von Batailley gelegen, erstreckt sich über einen Teil des Plateaus von Saint-Lambert. All dies macht rund sechzig Hektar aus, von denen vierzig mit Reben bepflanzt sind.

Dient das eigentliche Château – ein bezauberndes Bauwerk aus dem 19. Jahrhundert – deswegen nur als Schaufenster für das Weingut? Sicherlich nicht, da der gesamte Nordflügel mit modernen und praktischen Fasskellern ausgestattet ist, die so diskret untergebracht sind, dass die Harmonie der Fassaden in keiner Weise beeinträchtigt wird. Unterkellert wurde das Château unter dem Südflügel. Jedenfalls besteht kein Zweifel: Hier in der Stadt Pauillac selbst wird der Grand Vin von Grand-Puy Ducasse bereitet.

Ein effizientes Doppelgespann lenkt die Geschicke dieses Weinguts unter der Ägide des Hauses Cordier Mestrezat, das seit 1971 Eigentümer ist. Beide pflegen, abgesehen von einer Leidenschaft für das Médoc, eine große Begeisterung für Sauternes-Weine und stimmen in einer Hinsicht überein: Hier wie dort hatte man in der Vergangenheit noch nie so gute Weine erzeugt wie an diesem Übergang zum 21. Jahrhundert. Ansonsten gehören unsere beiden Gesprächspartner Sphären an, die, wenn nicht gerade entgegengesetzt, so doch zumindest

Kaum zu glauben, dass dieser weitläufige Keller mit seinen Barriquefässern mitten in der Gemeinde Pauillac liegt.

ergänzend sind. Alain Duhau, der Verwalter, ist ein genauer, bodenständiger, dynamischer Mann, was ihn nicht davon abhält, sich zurückzuziehen und gelegentlich zu philosophieren. Bernard Monteau präsentiert sich eher als Dilettant und Intellektueller, verliert dabei aber niemals die konkreten Aspekte der Zubereitung seines angebeteten Nektars aus den Augen. In seiner Verliebtheit in das Médoc, wo er jeden Stein und jeden Bach kennt, ist er vor allem ein Mann des Terroir. Die Châteaus sind in seinen Augen ein unverhoffter Glücksfall für eine Region, die, von wenigen Ausnahmen abgesehen, mit keinen hübschen Dörfern und großen Baudenkmälern aufwarten kann.

Der Schritt in die weite Welt und die Eroberung von neuen Märkten sind natürlich Alain Duhaus Domäne. Im Lauf eines Jahres setzt dieser unermüdliche Reisende seinen Fuß in die entlegensten Winkel der Erde. So kehrt er gerade heute aus Krasnojarsk zurück, wo ein Club aufgeschlossener Liebhaber ihn nach einem überaus herzlichen Empfang mit perfekten Kenntnissen über Bordeaux-Weine überraschte. »Wir müssen auf diese Weise Gepflogenheiten und Anhänger in den am wenigsten erwarteten Gegenden schaffen«, sagt der geborene Evangelist. »Auf lange Sicht ermöglicht uns dies, der Banalisierung, dem schlimmsten Schicksal für Häuser wie unseres, zu entkommen.« Monsieur Duhau kann ganz beruhigt ein: Grand-Puy Ducasse liegt gegenwärtig weitab von jeglicher Banalität. M. S.

Hinter den eleganten Fassaden auf der Uferseite (unten) verbirgt sich ein komplettes Weingut; hier die große Empfangshalle (gegenüber).

CHÂTEAU LYNCH-BAGES

Pauillac

Der hübsche Weiler von Bages, vor den Toren von Pauillac gelegen, ist seit sieben Jahrzehnten Schauplatz des schönen Epos der Familie Cazes. Beinahe wäre darüber die Saga der Lynchs, jener Iren, die am Ursprung des Grand Cru standen, verblasst. Die Cazes – eine Institution am Ort – pflegen die Erinnerung an ihre »Gebirgler«-Herkunft aus den Pyrenäen. Zur Zeit der industriellen Revolution begab sich ihr Urahn Jean von seinem hochgelegenen Dorf in die Ebene, um dort sein Glück zu suchen.

Er ließ sich mit seiner kleinen Familie im Weinbaugebiet des Médoc nieder, ein bisschen so, als ob er sich ein gelobtes Land zu Eigen machte. Sein Häuschen befand sich in der Nähe von Pichon-Longueville. Jean-Charles, der mit einer Bäckerstochter verheiratete hartnäckige Jüngste, gewinnt das Zutrauen der Bewohner des Weinbaugebiets, wo sich später sein Sohn André in den 1950er Jahren einen Namen macht. Als Versicherungsvertreter.

1933 wird Jean-Charles auf Bitten des Eigentümers General Félix de Vial, der einen guten Riecher hat, Pächter des Château Lynch-Bages. Die Geschäfte starten dank des Handelsnetzes der berühmten Familie Cruse gut, die in kaufmännischen Angelegenheiten damals unverzichtbar war. 1939 sind die Cazes in der Lage, das Gut zu kaufen und so ihren ersten Schritt auf einem Königsweg zu tun, auf dem sich privater Erfolg und öffentliche Verantwortung verbinden.

Zweiundvierzig Jahre lang regiert André über das Rathaus von Pauillac. Er ist sozusagen der Mann der Kontakte und Initiative. Ist es nicht er, der in den Nachkriegsjahren mit einer kleinen Gruppe von benachbarten Besitzern die Commanderie du Bontemps de Médoc ins Leben ruft? In seinen Augen geht es darum, in Frankreich und in der ganzen Welt zum Ruhm der Weine beizutragen, deren steigende Qualität – fantastische Jahrgänge aus den 1950er Jahren! – zu lange wegen der überbordenden Vorräte kommerziell nicht zum Tragen kommt.

Nun ist Jean-Michel an der Reihe, der führende Kopf der vierten Generation. Sein Auftritt erfolgt am Tiefpunkt in den 1970er Jahren, als die Moderne alles zu verschlingen scheint. Dieser Cazes hatte sich zunächst einen Namen als Ingenieur gemacht, noch dazu auf dem damaligen

Jean-Michel Cazes pflegt die Tradition; hier sein kleines privates Weinmuseum.

43
44

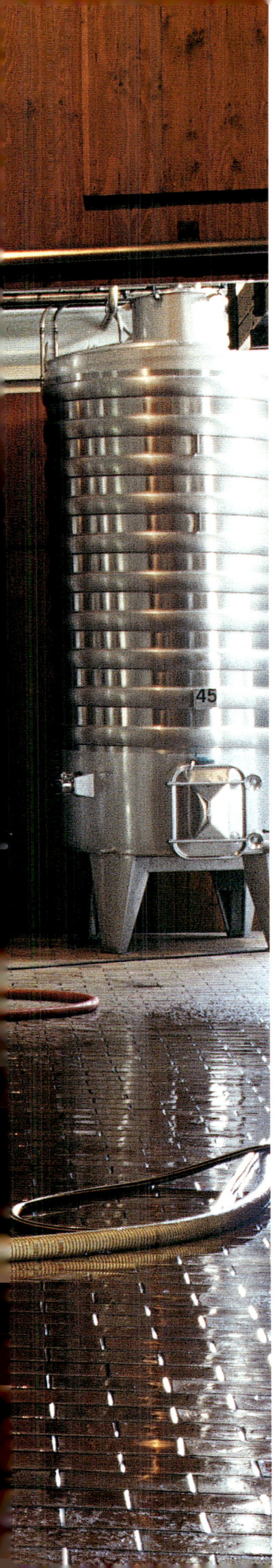

Pioniersektor der Informatik. Der dynamische und ideenreiche Pariser beschloss aus persönlichen Gründen wie sein Urahn Jean, das »Dorf« zu verlassen, um ins Médoc gehen; wie sein Großvater Jean-Charles schätzt er gutes Essen und vor allem gutes Brot – eines seiner Credos; und wie sein Vater André hat er einen guten Geschäftssinn und setzt sich für das Gemeinwohl ein. An der Spitze eines jungen und frischen Teams bringt er Lynch-Bages wieder in Schwung, entstaubt es und erweckt es zu neuem Leben: »Grands vins en quête d'absolu«, heißt der neue Slogan, große Weine auf der Suche nach dem Absoluten. Dieser Schwung kommt auch anderen Aushängeschildern und Geschäftszweigen der Familie zugute, darunter dem Relais & Châteaux Cordeillan-Bages, das rasch zum besten Restaurant der Gegend avanciert, und in Bordeaux das Chapon fin, das heute wieder im alten Glanz strahlt.

Er ist davon überzeugt, dass der Wein zu einem großen Universum gehört, in dem Geografie, Geschichte, Kultur und Lebenskunst aufs Engste miteinander verbunden sind. Daher gründete und inspirierte er die École de Bordeaux, die diese Botschaft in alle Himmelsrichtungen verbreiten soll.

Und währenddessen befreit sich der nette Weiler von Bages vor den Toren von Pauillac von der Langeweile, in die ihn – wie viele seinesgleichen – die Gleichgültigkeit undankbarer Zeiten versenkt hatte. Jean-Michel Cazes hat die Häuser wieder erworben, Pläne für ein Café entworfen, dessen Terrasse bald belebt sein wird, und plant, einen kleinen überdachten Markt einzurichten. Gleich zu Beginn hat er die Bäckerei wieder eröffnet, wo man heute saftige Rumrosinenkuchen findet, die Spezialität seiner Großmutter. M. S.

Altmodische Laubengänge und Pavillons (links und rechts) stehen nicht im Widerspruch zu moderner Kellertechnik; hier Edelstahltanks (gegenüber).

CHÂTEAU
LYNCH-MOUSSAS

Pauillac

In jenen so heroischen wie charmanten Zeiten, als der spanische König mit seinem Gefolge unter einem großen Aufgebot an Jagdhörnern und knatternden Motoren in den dichten Wäldern des Landsitzes auf Schnepfenjagd ging, in jenen einzigartig schönen und unbeschwerten Stunden diente Lynch-Moussas als Treffpunkt und Jagdschloss. Einige Male im Jahr lässt man dieses Treiben, wenn auch in bescheiderem Umfang, gern wieder aufleben. Doch in erster Linie ist dieses Anwesen wieder zu einem Familiensitz geworden. Nach seiner grundlegenden Restaurierung wirkt es zurückhaltend, elegant und, mit seinem spitzhaubigen Wachturm, auch amüsant. Vor allem aber strahlt es jene stilvolle Lässigkeit aus, der man sonst eher auf englischen Landgütern zu begegnen pflegt. Dieses Haus »zum Wohlfühlen« ist seit fünfundzwanzig Jahren der Wohnsitz von Monsieur und Madame Philippe Castéja, deren Familie in der Weinbaugemeinde Paulliac seit über drei Jahrhunderten einen Namen hat.

Lynch-Moussas war Landsitz des Grafen Lynch, der zu napoleonischer Zeit Bürgermeister von Bordeaux war; hier, in einem der Räume, ist er auch verstorben. Damals gehörte noch die Domäne Lynch-Bages dazu. Lynch-Moussas liegt, wenngleich im äußersten Südwesten der Appellation, in unmittelbarer Nähe der Hafenstadt Pauillac und der Gironde. Zum Zeitpunkt der Klassifikation von 1855 gehörte das Gut der spanischen Familie Vasquez und wurde unter die Cinquièmes Crus aufgenommen. Erst nach dem Ersten Weltkrieg und nach vielerlei Schicksalswendungen gelangte es in die Familie Castéja.

Emile Castéja, der damals bereits das Bordelaiser Handelshaus Borie-Manoux leitete, übernahm 1971 die heute fünfundfünfzig Hektar große Rebfläche, die Batailley gegenüber liegt. Die vorgefundenen Rebstöcke hatten die letzten fünfzig Jahre im Dämmerschlaf verbracht. Vor allem war ihr Ertrag äußerst hoch – zweifellos zu hoch für einen berühmten Wein solchen Formats. So machte sich Castéja

Durch die Marmorsäulen, das kunstvolle Mauerwerk und die hohen Flügeltüren wirkt die Halle des Hauses herrschaftlich.

an die Arbeit und begann, die Ziele und Möglichkeiten dieses Grand Cru an diejenigen seiner damals bereits fortschrittlicheren Mitbewerber anzugleichen. Seine Politik der Modernisierung hat heute Früchte getragen.

Mittlerweile hat sein Sohn Philippe, der zugleich Präsident des Conseil des Grands Crus Classés ist, das Schicksal von Lynch-Moussas in die Hand genommen und setzt alles daran, dass dieser großer Wein endlich wieder zu den Besten gezählt wird. Heute, angesichts begeisterter Kritiken, die die »Restaurierung« dieses Grand Cru einstimmig begrüßen, scheint dieses Ziel erreicht. Alle loben uneingeschränkt das tiefdunkle Kleid, das erlesene Bukett und den exquisiten Geschmack dieses außergewöhnlichen Pauillac. Und selbst Philippe Castéja meint anerkennend: »Endlich zeichnet sich allmählich der wahre Lynch-Moussas ab, großartig strukturiert und wunderbar weich. Ein erblühter, sehr harmonischer Grand Vin.« H. G.

Das harmonische Schlossgebäude mit seiner stattlichen Fassade (gegenüber) liegt inmitten eines kleinen Parks. Sein liebenswertes und lebhaftes Erscheinungsbild ergänzt auf elegante Weise den Weinbaubetrieb.

CHÂTEAU DAUZAC

Margaux

Die Zeit erspart einem nicht, was man ohne sie tut.« André Lurton, der unbestritten einer der größten Weinproduzenten des Bordeaux ist, hat die Maxime des alten Fernand Ginestet zur seinen gemacht. Der Unternehmer ist so gut etabliert, dass er weiß, inwieweit große Leistungen eine Frage von Geduld, Reifen und guter Gelegenheit sind. Hat ihm sein Großvater mütterlicherseits, der weise Léonce Récapé, nicht schon von Kindesbeinen an den Sinn für das Dauerhafte eingebläut? Eine solche Philosophie musste in Dauzac Wunder wirken, wo man in der Vergangenheit aufgrund heftiger Umwälzungen viel leiden musste.

Außerdem bleibt die Schar der Châteaus unter der Leitung von André Lurton, durch die sein Name auf mehreren Kontinenten bekannt ist, der beste Beweis einer Erfahrung, die in ihrer Art ziemlich einzigartig ist. Dies müssen die Verantwortlichen der MAIF (Mutuelles d'Assurances des Instituteurs de France) geschätzt haben, als sie 1992 beschlossen, ihm die Zügel für ein Weingut in die Hand zu geben, das sie seit knapp vier Jahren aus einer schwierigen Lage zu befreien versuchten. Zu behaupten, dass dieser Vorschlag vom betroffenen Leiter mit Begeisterung aufgenommen wurde, wäre übertrieben; die Lurtons sind im Médoc zu gut verwurzelt, als dass André sich besonders gefreut hätte, noch einen Pinselstrich zum Familiengemälde hinzuzufügen.

Die Herausforderung war ganz einfach von jener Sorte, die man nicht so leicht ablehnt, und der Wille, Gutes zu tun, erwies sich stärker als die Angst, aus dem Rahmen zu fallen.

So wurde also ein so großer Besitzer ganz demütig dazu gebracht, auf dem Umweg durch eine Betriebsgesellschaft hier zu intervenieren. Die Prägung des großen Patrons, der er ist, war nichtsdestoweniger schon ab den ersten Wochen zu spüren. Und André Lurton lächelt noch immer bei der Erinnerung an die Weinlese im Jahr 1993, die er vor Ort im Weinberg überwachte, den es damals wieder in die Hand zu nehmen galt.

Zwölf Jahre später hat Dauzac sich wieder etabliert und präsentiert sich in bestem Licht. Vom Rebschnitt bis

In einem dieser Bücher wird erstmals auf die Verwendung der »Bordelaiser Brühe« hingewiesen.

129
Vendanges, Voyages
Septembre 1912
Octobre 1913
Décembre 1913
Août 1914
Septembre 1914
Danzac
Récompenses aux Expositions

zur Abfüllung wurden sämtliche Arbeitsgänge optimiert. Der derzeit in Renovierung befindliche Gärkeller müsste eine noch effizientere Betreuung nach Parzellen als früher ermöglichen. Die umgebauten Fasskeller bringen Hunderte neue, in Reih und Glied angeordnete Barriques bestens zur Geltung. André Lurton runzelt die Stirn, da die Spiegelung des Sonnenlichts auf der Glaswand in Form eines Viertelkreises den gewünschten Anfangseindruck etwas beeinträchtigt; dies soll jedoch so rasch wie möglich behoben werden.

Das derzeitige Team kämpft darum, dass sich Dauzac seiner illustren Vergangenheit würdig erweist. Denn man weiß mehr oder weniger alles über dieses Weingut, dessen Urkunden – ein ziemlich seltener und daher erwähnenswerter Fall – zum Großteil erhalten geblieben sind. Der Betrieb geht auf das 12. Jahrhundert zurück, auf die Zeit der Sauveté von Macau, der ehemaligen Dependance der Abtei von Sainte-Croix von Bordeaux. Dennoch beginnt die Geschichte des eigentlichen Weingutes erst Mitte des 18. Jahrhunderts, bevor es einen ersten Höhepunkt unter der Restauration zu den Zeiten von Jean-Baptiste Lynch erlebte.

Zu den Ruhmestiteln des Hauses zählt natürlich die Erfindung der berühmten »Bordelaiser Brühe« von Professor Millardet und Ernest David, dem damaligen Verwalter des Gutes, im Jahr 1885. Diese Mischung aus Kalk und Kupfersulfat sollte alle Weinberge Europas retten, indem es den verheerenden Befall durch den amerikanischen Mehltau stoppte. Dass sie hier entstand, ist sicherlich nicht nur Zufall; dies bestätigt nämlich, dass Dauzac ein Spitzenbetrieb ist, ein Ort ständiger Erneuerung und Entwicklung – im Lauf der Zeit. Die Zeit erspart einem nicht, was man ohne sie tut.... M. S.

Die Rückseite des Schlosses ist nahezu unverändert geblieben (gegenüber), während die Kellerräume kühn neu »inszeniert« wurden (links).

CHÂTEAU
D'ARMAILHAC

Pauillac

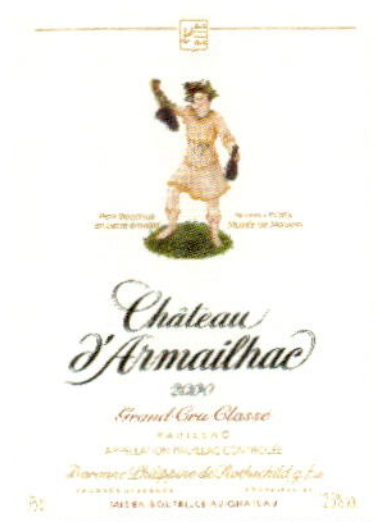

Gewisse architektonische Eigenheiten erscheinen hier symbolhaft, und einen Augenblick lang ist man versucht, sie für eine Frucht des Willens und weniger des Zufalls zu halten. Doch als der Wohnsitz von Armailhac mit seinem schönen fünfzig Hektar großen Weinberg gebaut wurde, der einen wunderbaren Park umgibt, war es natürlich noch kein Satellit des berühmten Château Mouton Rothschild. Man muss deswegen von einem reinen Zufall ausgehen. Gewisse Umstände, die man sich unschwer vorstellen kann, führten dazu, dass das Haus nie fertig wurde. Was bleibt, ist eine hübsche Halbfassade, die so gut geschnitten ist, dass man das Ergebnis als gelungene Stilübung eines außergewöhnlichen Architekten halten könnte.

Zu Ende des 17. Jahrhunderts gehörte die Domäne den beiden Brüdern Armailhac, die als Schiffer auf der Gironde tätig waren. Aber damals wuchsen hier noch keine Reben. Sie wurden erst spät, in der Mitte des 18. Jahrhunderts, unter der Ägide eines gewissen Dominique Armailhac gepflanzt. Fast ein Jahrhundert lang vergrößerten seine Nachkommen das Gut und rundeten den Besitz ab. Gegen Ende der Julimonarchie gelangte die Domäne als Abfindung in den Besitz einer gewissen »Madame Darmailhac«, als ihr Mann sich von ihr trennte. Sie war damals die Älteste der Familie. Dieser Dame gebührt das Verdienst, dass ihr Château als Cinquième Cru in die Klassifizierung von 1855 aufgenommen wurde. Die Rebfläche wuchs bis auf siebzig Hektar an und lag zwischen Brane-Mouton und Pibran.

Der Schwiegersohn dieser Dame, ein Comte de Ferrand, kaufte zu Beginn der Dritten Republik das Gut, das bis dahin nicht aufgeteilt war. Er verschönerte es im Rahmen seiner Mittel, konnte aber nicht jenen großen Wohnsitz bauen, der der Reputation des Gutes entsprochen hätte. Für dieses unvollendete Château interessierte sich Baron Philippe de Rothschild am Anfang der 1930er Jahre. Der junge, stürmische Unternehmer, der seit 1924 mit Erfolg und Entschiedenheit die Geschicke von Mouton leitete, übernahm 1933 das Gut gegen eine Leibrente. Da der Comte de Ferrand schon im Jahr darauf starb, gelangte Baron Philippe in den Besitz eines weiteren Grand Vin und

Die Kunst des Fotografen hilft hier der Fantasie des Betrachters auf die Sprünge und zeigt, wie das Schloss einmal hätte aussehen können.

von landwirtschaftlichen Gebäuden, die ausgebaut wurden, um den gesamten Maschinenpark für die beiden Güter aufzunehmen. Dazu kam ein schöner Park, der mit seinen schattigen Plätzen und seinen Alleen aus Kamelien dem Château Mouton Rothschild den Pflanzenschmuck verlieh, der ihm bisher fehlte. Aus der bescheidenen Société vinicole de Pauillac, die im Kauf inbegriffen war wurde schließlich die finanzstarke Aktiengesellschaft Baron Philippe de Rothschild.

Nach dem Zweiten Weltkrieg diente das »Demi-château« von Armailhac zwanzig Jahre lang dem Verwalter des Barons als Wohnsitz. Der Grand Vin, der hier produziert wurde, trug von 1956 an den Namen des Barons Philippe, dann – als Hommage an Pauline de Rothschild – den der Baronne Philippe. Auf den Etiketten von Armailhac liest man somit: »Château Mouton Baronne Philippe«. Schließlich entschied sich die Baronin 1989 dazu, diesem großen Wein von Pauillac seinen ursprünglichen Namen zurückzugeben. So kehrte das Château d'Armailhac wieder zurück. Das Etikett zeigt ein Fadenglas des 18. Jahrhunderts aus Nevers mit der Darstellung des Weingottes Bacchus. Es gehört zur Sammlung des Musée du Vin dans l'Art in Mouton Rothschild. M. W.

Die Innenarchitektur der Mouton Rothschilds ist immer etwas Besonderes: hier die Vorhalle des Kellers mit den großen Familienwappen und dem herrlichen Bacchus vor apfelgrünem Hintergrund.

CHÂTEAU

DU TERTRE

Margaux

Mit Unternehmen ist es wie mit Menschen: Manche scheinen zu einer ganz einfachen Existenz verurteilt zu sein, während anderen ein großes Schicksal zuteil wird. Letztere sind unter einem guten Stern geboren und können alle Arten von Kränkungen erleben, ohne sich zu verlieren, und gehen am Ende gestärkt und noch strahlender aus dieser Prüfung hervor. Das Château du Tertre gehört sicherlich zu dieser seltenen Spezies; die schlimmsten Ereignisse konnten seinen Widerstand nicht brechen – und so erhebt es sich hier nach wenigen Jahren wieder aus seiner Asche und präsentiert sich in einem nie da gewesenen Glanz.

Die Reihe der Persönlichkeiten, die diesen Hügel ab dem Mittelalter gepachtet hatten, würde eine endlose Liste ergeben. Um nur bei den Bedeutendsten zu bleiben, seien aus dem 16. Jahrhundert Thomas de Montaigne genannt, der Bruder des großen Montaigne, am Ende des 17. Jahrhunderts der Marquis von Ségur, der illustre »Prinz der Reben«, im 18. Jahrhundert Pierre Mitchell, der erste Erzeuger von Bordeauxflaschen, und im 19. Jahrhundert der Botschafter von Sachsen, Heinrich Königswater. Der Besitz war im 20. Jahrhundert einer Kaufmannsfamilie aus Gent, den de Wildes, zugefallen, kurz bevor Philippe Capbern-Gasqueton von Calon Ségur im Jahr 1960 ein verfallenes Gut mit verwilderten Weinbergen und ein Haus fast ohne Dach erwarb.

Die seit damals erfolgten Anstrengungen ermöglichten dem Château, beschützt von seinem guten Stern, wieder den Aufstieg; aber erst 1997 kam es zur wundersamen Wandlung. Wie in diesen Fällen üblich, erwiesen sich eine Stange Geld und eine Menge Liebe als erforderlich. Das Wunder ging dank der Initiative eines niederländischen Paares in Erfüllung, von Herrn und Frau Eric Albada Jelgersma, die diesem wieder entdeckten Grand Vin einen würdigen Rahmen schaffen wollten.

Die Bauten mit den technischen Anlagen wurden innen und außen von Grund auf verändert, um eine Aufteilung und ein Raumangebot zu schaffen, die ebenso praktisch wie schön sind; da die neuen Eigentümer der Ästhetik hier den Vorrang vor dem Nützlichen gegeben

Bei der Neugestaltung des Schlosses wurde auch auf die Inneneinrichtung großer Wert gelegt.

haben, sind sie so weit gegangen, einige der Fassaden mit einem Arkadengang versehen zu lassen.

Das Château selbst wurde restauriert, ja wiederhergestellt, da sich zur allgemeinen Überholung des Gebäudes noch der schlichte Bau eines Flügels gemäß den seit dem 18. Jahrhundert in der Schwebe befindlichen Plänen gesellte, der, obwohl für die Harmonie des Ganzen unerlässlich, niemals errichtet worden war. Die Umgestaltung der unmittelbaren Umgebung ging mit der Anpflanzung eines gewagten Gartens einher, dessen Hauptteil in einer Gruppe von Gartenhäuschen zu beiden Seiten eines hübschen Teichs besteht.

Diesen Großtaten im Außenbereich entspricht ein persönlicher und markanter Dekorationsstil im Innenbereich. Er ist deutlich in der fast schwedischen Gestaltung der Zimmer, der Gänge, der Salons und der Pavillons zu erkennen. Unbearbeitetes Holz vereint sich mit Baumwollgewebe, Kristallglas mit feinem Marmor, Pastelltöne mit rustikalen Motiven, Rokokomöbel mit modernen minimalistischen Elementen, um daraus eine königlich entspannte oder raffiniert gemütliche Atmosphäre entstehen zu lassen, die aus diesem von den Göttern gesegneten und Heiterkeit atmenden Wohnraum einen wundervollen Platz zum Leben schafft.

Es scheint, als kehre das Château du Tertre von weit her zurück; dies ist urkundlich belegt. Wenn man es heute sieht, könnte man meinen, es sei ganz einfach aus einem mit den Geheimnissen der Landhäuser, der Weinberge und des Lebens vertrauten Geist entstanden. M. S.

Das Château wurde regelrecht wachgeküsst (gegenüber). Die Gebäude wurden komplett renoviert, der Garten umfassend neu gestaltet (Mitte) und die Salons und Gästezimmer formvollendet neu eingerichtet (oben und unten).

CHÂTEAU HAUT-BAGES LIBÉRAL

Pauillac

An der Schwelle zum neuen Jahrtausend beschloss Claire Villars-Lurton, nachdem sie mit ihrem Ehemann von einer vierwöchigen Pilgerreise nach Santiago de Compostela zurückgekehrt war, sich von einigen großen Familienbesitztümern zurückzuziehen, um sich fortan Ferrière und Haut-Bages Libéral zu widmen. Das markiert den Übergang zu einer gewissen Reife. Mit ihrem fröhlichen, energischen Blick verkörpert die junge Frau das Idealbild der neuen Generation von Eigentümern, die sich von unnützem Ballast befreit haben und für ihr Metier eine ansteckende Begeisterung verspüren. Sehr beruhigend.

»Hier einen großen Wein zu machen ist keine Hexerei«, sagt sie. »Das, was wir dem Boden geben, gibt er uns zehnfach zurück. Der Boden von Pauillac ist dermaßen großzügig, dass ich immer wieder überrascht bin. Es ist beinahe schon zu einfach!« Was unsere überglückliche – sehr elegante – Weinbäuerin zu erwähnen vergisst, ist die äußerst intensive Pflege, die man dem Weinberg und den Anlagen Jahr für Jahr angedeihen lässt. Durch umfangreiche architektonische Maßnahmen wurde in den letzten Jahren das Weingut mit zwei hellen, leistungsfähigen Gärkellern, von denen einer mit Betontanks in allen Größen bestückt ist, und mit vergrößerten Fasskellern ausgestattet, wo sich die Barriques auf angelsächsische Art bis zur Decke türmen. Die gewollt zeitgemäße Ästhetik des Ganzen verbindet die leicht hochtrabende Eleganz der Glaswand zwischen den Fasskellern mit der etwas rauen Authentizität der Außenhaut aus sich grün färbenden Kupferplatten.

Bei der Arbeit wird Claire von einem ihrer Onkel unterstützt, dem bemerkenswerten Jean Merlaut. Dieser so entgegenkommende und kontaktfreudige Mann kann sich ihr gegenüber unerbittlich zeigen. »Seine Anforderungen entsprechen den Hoffnungen, die er in mich gesetzt hat«, sagt sie; »mein Onkel hat sich so sehr in meine eigene Herausforderung eingemischt!« Unter den an seiner Seite gelernten Lektionen ist offensichtlich auch diese Art von angewandtem Humanismus, die aus dem Patron von Gruaud-Larose eine vollendete Führernatur macht. »Das Wichtigste ist«, meint Claire, »auf motivierte Leute zählen zu können, die Freude an ihrer Arbeit haben und denen der Mangel an Anerkennung erspart geblieben ist, der heutzutage zu Unrecht alle manuellen Tätigkeiten betrifft.«

Die Überdachung, die beide Hauptgebäude miteinander verbindet, gibt der Domäne ein modernes Gepräge.

Sylvain

Man kann nicht genug die Bedeutung einer lenkenden Hand für den Weinberg betonen, deren Kompetenz, deren Stetigkeit, aber auch deren Motivation von unschätzbarem Wert für den Erfolg eines großen Weines sind.

»Wir halten nach Leuten Ausschau, die den Weinberg lieben, und sind natürlich bereit, sie die Karriereleiter erklimmen zu lassen«, stößt Claire wie einen Aufruf hervor, bevor sie hinzufügt: »Manchmal ist es ein bisschen hart, sich Spezialisten, die wir sorgfältig ausgebildet haben, von anderen vor der Nase wegnehmen zu lassen.« Aber ist das nicht ein natürlicher Tribut an den allgemeinen Wettbewerb?

Die schon in jungen Jahren in der von Männern dominierten Welt des Weinbaus gelandete Claire Villars-Lurton gibt unumwunden zu, dass die Tatsache, eine Frau zu sein, hier einige Vorteile bietet – nicht nur im Verkauf. So scheinen Menschenkenntnis, Genauigkeit, Intuition – Eigenschaften, die man eher Frauen zuspricht – insgesamt nützlicher als ein Chemiestudium zu sein, das sie unlängst selbst betrieben hat. Weniger Kenntnisse und mehr Gefühl; hier findet man die Definition Roland Barthes' der lateinischen *sapienta* wieder: ein bisschen Wissen, viel Weisheit und so viel Geschmack wie möglich. M. S.

Die auf der iberischen Halbinsel übliche Lagerung der Barriquefässer übereinander (gegenüber) bringt nicht nur Platzgewinn, sie reduziert auch die Lagerkosten. Der Bau eines neuen Gärkellers (unten) machte die Verdoppelung der Gebäude notwendig (oben).

CHÂTEAU PÉDESCLAUX

Pauillac

Als Ende 1996 die dritte Generation der Juglas die Führung des Châteaus übernimmt, hat der Cinquième Cru Classé einiges von seinem Glanz eingebüßt. Zwar ist die Erinnerung an den Großvater Lucien Jugla nicht verblasst, der 1950 die Domäne erwarb, auf der er fast zwanzig Jahre lang Regie führte. Die Fähigkeiten dieses Mannes haben seine Domäne geprägt. Dieser gewitzte, wenn nicht gar bauernschlaue, vorsichtige und doch in die Zukunft blickende Umgestalter bleibt eindrucksvoll. Noch immer gilt er als Schutzpatron, noch immer preist man seine Unkompliziertheit, seine Aufgeschlossenheit. Und doch ist Pédesclaux nur noch ein Schatten seiner selbst, und das Gespenst der knapp abgewendeten Insolvenz von 1947 scheint wieder zum Greifen nahe.

Im Schicksal der meisten Unternehmen gibt es derartige schwierige Zeiten, die sich in erstaunlicher Regelmäßigkeit zu wiederholen scheinen. Diese entscheidenden Augenblicke lassen jeweils nur eine ebenso eindeutige wie brutale Wahl. 1996 ist die Alternative für Pédesclaux klar: schleunigst reagieren oder endgültig zusammenbrechen. Die Juglas handeln und stürzen sich damit in ein ziemlich riskantes Abenteuer. Die erste Schwierigkeit besteht in der unumgänglichen Verpflichtung, an mehreren Fronten verschiedene Schlachten gleichzeitig führen zu müssen, im Bereich des Handels wie des Anbaus, der Ausstattung mit Maschinen und Geräten wie der Kellertechnik. Brigitte und Denis Jugla, die Verkörperung der aufstrebenden Generation, nehmen mutig alle diese Hürden in Angriff. Neue, ebenso ästhetische wie funktionale Gebäude werden errichtet; die erste Grünlese wird in Gang gesetzt; unmittelbar darauf wird die prefermentäre Mazeration eingeführt und die Domäne mit immer leistungsfähigeren landwirtschaftlichen Maschinen ausgestattet.

Dieser gesamte Feldzug wird zügig durchgeführt – darin liegt das Geheimnis aller letztendlich siegreichen Kriege; und so lassen die ersten Resultate nicht lange auf sich warten. Die Jahrgänge 2000 und 2001 erinnern wieder an die besten früheren Crus; alle folgenden müssten eigentlich einen immer größeren, immer anspruchsvolleren Kreis von Liebhabern finden.

So sah das kleine Schloss mit seinem Pavillon früher aus und so soll es auch bald wieder aussehen.

Heute stellen die Kämpfer von gestern ziemlich sprachlos fest, dass sie das Schlimmste überstanden haben; die jungen Juglas wollen nun voller Begeisterung neue, weniger vordringliche Herausforderungen anpacken. Die Zeit ist gekommen, wo man sich um die Rückgewinnung einer Identität kümmern kann. Eng verbunden damit ist die Restaurierung und Bewirtschaftung des Schlosses selbst, ein in den letzten Jahren zu Unrecht vernachlässigtes hübsches Gebäude, das mit seinem zierlichen Schmuck unter den kürzlichen Schicksalsschlägen beinahe zusammengefallen wäre. Es hat zum Glück überlebt – und kann somit seine symbolische Aufgabe weiter übernehmen.

Brigitte und Denis Jugla haben den Ehrgeiz, in diesem geschichtsträchtigen Ensemble nach umfangreicher Restaurierung fünf hübsche möblierte Suiten einzurichten. Jede soll einem der fünf Sinne gewidmet sein, die das Lebensglück ausmachen. Die Idee ist nicht ohne Hintersinn; sie könnte dazu beitragen, die zukünftigen Gäste der Domäne für das häufig vergessene Potential der großen Weine zu sensibilisieren. Denn es ist richtig, man kann sie auch hören, beobachten, einatmen und befühlen, nicht nur schmecken. Und sie bleiben, allen Einwänden zum Trotz, in ihrer Komplexität und raffinierten Üppigkeit eines der angenehmsten je erfundenen Mittel, um sich auf die Wiederentdeckung seiner selbst zu begeben. H. G.

Hier werden die Suiten eingerichtet, die den fünf Sinnen gewidmet sind.

CHÂTEAU
BELGRAVE

Haut-Médoc

Die zusammenhängenden und homogenen sechzig Hektar der schönen Domäne von Belgrave grenzen direkt an die Gemeinde Saint-Julien, doch will es der Zufall, dass sie ihrer Gemarkung nach der zweifellos weniger anspruchsvollen Appellation Haut-Médoc zugerechnet werden. Eine ganze Anzahl enttäuschender Jahrgänge, die mit dem Auf und Ab des Weingutes nach dem letzten Krieg zusammenhängen, haben überdies diesem Cinquième Cru Classé ein weniger gutes Ansehen eingebracht, als seine unmittelbaren Nachbarn es besitzen. Es wäre jedoch ungerecht, wenn sich diese Meinung nicht ändern würde, denn schon jetzt beweist die Realität das Gegenteil.

Seit 1979, einem Vierteljahrhundert – Belgrave wurde von dem Unternehmen Vins et vignobles Dourthe übernommen –, sind auf diesem Weingut nämlich bemerkenswerte Fortschritte erzielt worden. Und dies sogar in solchem Maße, dass die internationale Presse seit einiger Zeit diesen Grand Cru ständig unter ihre großen Favoriten einreiht und einhellig anerkennt, dass die Produktion wieder zu ihrer hervorragenden Qualität zurückgefunden hat. Rom ist nicht an einem Tag erbaut worden; insofern nimmt es nicht Wunder, wenn Jean-Marie Chadronnier, der Mann, der in erster Linie für diesen Wiederaufstieg verantwortlich ist, selber feststellt, dass es eine ganze Zeit dauerte, bis Belgrave zu seinem ureigenen Charakter zurückfand. Der erfreuliche Prozess, in dessen Verlauf ein so ruhmreiches Schiff wieder flott gemacht und anschließend so kontinuierlich auf den Gipfel der Woge zugesteuert wird, lässt dabei mehrere Etappen erkennen.

In einer ersten Phase, bis etwa 1985, konnte man alles nur sichern und bewahren. Es ging im Wesentlichen darum, »zu vermeiden, dass die Situation sich noch weiter verschlimmerte.« Dieses lobenswerte Ziel ließ sich nur mit einer Reihe von schleunigst durchgeführten, drakonischen Maßnahmen erreichen, und zwar auf den Rebflächen wie im Weinkeller. »Rettet, was zu retten ist!«, so etwa lautete vermutlich damals die erste, eher entmutigende und doch so dringend notwendige Devise der neuen Mannschaft.

Ab Mitte der 1980er Jahre bis zur Wende zum nächsten Jahrzehnt folgte die Zeit der »qualitativen Rückbesinnung«. Diese äußerte sich zunächst in umfangreichen

Eines der Glanzlichter des Hauses ist der Wintergarten, streng bewacht von Fantasiestörchen.

BELGRAVE
Lot 11
21 10 03
Lot 11
22 10 03

Arbeiten im Weinberg: Man kümmerte sich um die Entwässerung, um kontrollierten Pflanzenschutz, um biologischen Anbau und um das Auslichten. Für die weiteren Schritte bedurfte es der Hilfe des berühmten Önologen Michel Rolland; diese sollten sich als entscheidend erweisen. Wenn Jean-Marie Chardonnier auf diesen Berater in schweren Stunden zu sprechen kommt, stellt er klar: »Er ist vor allem ein Freund; ein Freund, dessen Weine ich liebe.«

Wenn sich die Geschichte Belgraves dem folgenden Kapitel nähert, das zu Beginn der 1990er Jahre spielt, schlägt der Hauptakteur dieser Wiederbelebung einen lebhafteren Ton an; zu diesem Zeitpunkt waren die größten Schwierigkeiten erkennbar überstanden. Man konnte sogar daran gehen, am Gebäude – dem eigentlichen Schloss – Restaurierungen vorzunehmen, die man anfänglich keineswegs als vorrangig betrachtet hatte. Das Rad drehte sich weiter. »Ab 1990 sind wir noch mehr zu Weinbauern geworden.« In Belgrave kann die gesäuberte, auf Vordermann gebrachte und rationalisierte Rebfläche endlich jene besondere Zuwendung erfahren, der allein große Weine ihr Entstehen verdanken. »Ich glaube sagen zu können, dass wir zumindest seit 1994 Weine produzieren, die wirklich dem entsprechen, was wir uns immer gewünscht haben; wir sind weniger abhängig und freier in unseren Entscheidungen.« Die Krönung ist die Inbetriebnahme eines Ausbaukellers für den Jahrgang 2004.

Heute besteht kein Zweifel, dass dieser großartige Wein wieder jenes Niveau erreicht hat, wenn nicht gar übertrifft, das er 1855 zum Zeitpunkt seiner Klassifikation gehabt haben dürfte. Dies bedeutet, dass in knapp fünfundzwanzig Jahren eine wahre Großtat vollbracht wurde. Angesichts solch eines Erfolgs ist man fast geneigt, sich zu fragen, ob das anfängliche Handikap einem Château wie Belgrave nicht letzten Endes einen guten Dienst erwiesen hat, weil dadurch alle Energien auf ein großes Ziel hin gebündelt wurden. Immer wieder zeigt es sich, dass diejenigen, die bereit sind, ein schier unüberwindliches Hindernis in Angriff zu nehmen, ihre Ziele besonders weit und hoch stecken und so weit über sich selbst hinauswachsen und eines Tages sogar ihr Ziel übertreffen. H. G.

Mit der Renaissance dieses Grand Cru war auch die Neugestaltung des Schlosses verbunden, innen wie außen.

CHÂTEAU
CAMENSAC

Haut-Médoc

Es hat den Anschein, als hätten die ewig lächelnden Stewardessen auf den Flügen der Fluggesellschaft Thai Airlines ihren Gästen erst unlängst Camensac kredenzt. Angeblich genoss dieser auserlesene Cru auch an den erlesensten Tafeln Nordeuropas höchstes Ansehen. Man muss auf jeden Fall annehmen, dass sein Rang als Cinquième Cru in keiner Weise seine allgemein begrüßte Qualität verringert. Denn auch heute noch wird diesem großen Wein des Haut-Médoc die Bewunderung der Fachpresse in Frankreich und im Ausland zuteil. Die jährlich erscheinenden Weinführer werden nicht müde, mit ihm zu flirten und ihm ihre Liebe auf den ersten Blick zu gestehen. Selbst Robert Parker, dessen Prophezeiungen, wie umstritten sie auch immer sein mögen, jenseits des Atlantiks und in der ganzen Welt dennoch maßgebend sind, zögert nicht, zum Beispiel beim Jahrgang 1997 von einem »sehr schönen Erfolg« zu sprechen. Dieser unbestreitbare Erfolg steigt den Mitgliedern der Familie Forner, die das Gut seit 1964 besitzt, allerdings nicht zu Kopf. Es bräuchte mehr, dass Elisée Forner, der wahre Patron des Gutes, von dieser Art würdiger, feierlicher und leicht unruhiger Demut Abstand nimmt, die die Großen seines Genres kennzeichnet, die aus der alten Schule stammen und allem, was einfach ist, tiefes Misstrauen entgegenbringen. »Der Adel unseres Metiers liegt darin, am Rande und an einer Vielzahl von kleinen Details zu arbeiten«, erklärt er. »Manchmal sind es augenscheinlich sekundäre Dinge, die man leicht als unbedeutend abtun könnte. Kein Detail ist allerdings unbedeutend, im Gegenteil: Es ist die Summe dieser guten Dinge, die am Ende die Differenz ausmacht.«

Vor vierzig Jahren hatte Monsieur Forner ein Gut in großer Not vorgefunden. Die Weinberge waren in schlechtem Zustand und nicht mehr in der Lage, einen seiner Klassifizierung entsprechenden würdigen Wein hervorzubringen. Alles musste also von Grund auf wieder aufgebaut werden, wobei man sich auf den Rat eines damals unumgänglichen Meisters stützte: Professor Peynaud. Zur Überraschung weniger wagemutiger Experten sollte dieser geniale Önologe sämtliche Parzellen nur mit zwei Rebsorten bepflanzen; der Grand Cru von Camensac erlebte seine

Obwohl die aus dem 18. Jahrhundert stammenden Gebäude mehrfach umgestaltet wurden, fügen sie sich harmonisch ins Gesamtbild der Domäne.

Renaissance somit auf einer Grundlage von sechzig Prozent Cabernet Sauvignon und vierzig Prozent Merlot. Punkt. Ende. »Er wusste, was er tat«, erzählt Elisée Forner nicht ohne einen Hauch nostalgischer Bewunderung. »Der Professor war ein großer Mann, der uns an der Quintessenz seines immensen Wissens teilhaben ließ.« Er gehörte zur alten Schule.

Heute ist Camensac wieder auf der Höhe: Die Rebfläche ist von rund zehn auf beinahe sechzig Hektar angewachsen; der größte Teil davon ist um das Château herum angelegt und grenzt an die Domänen von Belgrave und La Tour-Carnet, was nichts anderes heißt, als dass dies ein großes Terroir ist. Die technischen Einrichtungen lassen nichts mehr zu wünschen übrig; die eckigen Betontanks stellen alle außerordentlich zufrieden. Das Schloss mit Fundamenten aus dem 18. Jahrhundert war wahrscheinlich niemals so schön wie heute, innen wie außen. Mit Geduld sowie mit unglaublicher Weisheit und Sparsamkeit vollbrachte die Familie Forner nach und nach Wunder. Sie erbringt den Beweis, dass Beständigkeit, Fleiß und Seriosität die grundlegenden Tugenden im Land der Weinberge und der Weinbauern sind. M. S.

Im Inneren des Châteaus erwartet den Besucher eine Überraschung: Die Möblierung ist zeitgemäß nüchtern (oben und gegenüber). Zum Anwesen gehören auch mehrere eindrucksvolle alte Bäume (unten), die ein Gegengewicht zum modernen Innenleben des Hauses setzen. Das Wappen der Familie Camensac findet sich überall in den Kellern (Mitte).

CHÂTEAU
COS LABORY

Saint-Estèphe

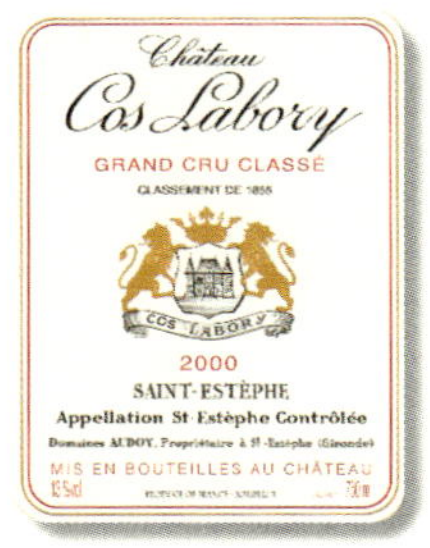

»Small is beautiful.« Im Universum der Grands Crus Classés neigt man aufgrund der scharfen Konkurrenz zu oft dazu, den großen Dimensionen, den weiten Flächen und den hohen Kapazitäten ein besonderes Gewicht beizumessen. Mächtige Herrenhäuser, kolossale Einrichtungen, unermessliche Ländereien werden hier oft als Prestigeobjekte vorgeführt, auf die man stolz ist. Da ist man froh, wenn man gelegentlich auch auf vorzügliche Leistungen in einem menschlichen Maßstab stößt. Bescheidene Dimensionen sind eben keinesfalls ein Synonym für Mittelmaß. Diese bescheidenen Dimensionen von Cos Labory werden allerdings auch durch die stolze Größe des unmittelbaren Nachbarn aufgewertet, des anderen »Cos«, Cos d'Estournel.

In Cos Labory finden wir nichts Sensationelles. Nichts ist maßlos, ganz im Gegenteil: Das sehr elegante, aber kleine Herrenhaus wird immer noch bewohnt. Die Keller sind vernünftig dimensioniert und wurden mit allen technischen Neuheiten der vergangenen dreißig Jahre ausgestattet. Die Rebfläche umfasst nur achtzehn Hektar und trägt zur Harmonie der Domäne und zum gemäßigten, ruhigen und weisen Charakter ihrer Leitung bei. »Das ist ein kleines Landgut«, gibt Bernard Audoy, einer der Besitzer, ohne Umschweife zu. »Ich bin selbst ein Mann vom Land, und ich betrachte es als meine Pflicht, immer auf dem Betrieb anwesend zu sein.« Der Grand Vin, den seine Familie in Cos Labory produziert, ist weniger Gegenstand der Spekulation als andere. Nachdem sein Ruf vor kurzem etwas angeschlagen war, gehört er heute zu den Weinen mit dem besten Preis-Leistungs-Verhältnis auf dem Markt. Damit ist nicht gesagt, dass er besonders verführerisch oder leicht zu trinken sei. »Ich will den Moden nicht allzu sehr nachgeben«, präzisiert unser Gesprächspartner, der trotz seines Diploms vom Institut d'œnologie von Bordeaux in der Zusammensetzung des Weines eher klassisch geblieben ist. »Es herrscht überall die zunehmende Tendenz, den Mengenanteil des Merlots in den Assemblagen zu erhöhen«, erklärt er uns. »Ich hingegen gebe lieber noch etwas Cabernet Sauvignon hinzu, weil er eine kräftigere Struktur und eine bessere Alterung garantiert.« Damit hält Cos Labory treuer als andere Weingüter an den traditionellen Kriterien der Appellation Saint-Estèphe fest, zu

Dieses bescheiden wirkende Landhaus könnte auch in der Touraine stehen, es befindet sich aber in direkter Nachbarschaft zu den märchenhaften Fassaden von Cos d'Estournel.

COS
LABORY

ATTENTION

der die Domäne gehört. »Die Leute schätzen uns wegen unserer Einfachheit«, betont Bernard Audoy und besteht gleichzeitig darauf, dass die wichtigste Tugend eines guten Winzers die Demut ist. Diese Tugend wird hier seit langem gepflegt. Im Jahr 1922 übernahmen Argentinier die Domäne und sandten einen Verwandten, Georges Weber, nach Frankreich, der sich um den neuen Besitz kümmern sollte. Seine Tochter Cécile heiratete François Audoy und kaufte 1959 ihren südamerikanischen Cousins das Gut ab. Der natürliche Abschluss dieser hübschen Geschichte? Bernard Audoy ist ihr Sohn.

Ist es der Einfluss dieser Herkunft? Sind es die Auswirkungen einer stark verwurzelten Geisteshaltung, bei der Diskretion, Ernst und Zuverlässigkeit in Einklang stehen mit der Nüchternheit der Umgebung? In unserer Zeit, die den Verlockungen der Angeberei und der Wichtigtuerei so leicht zum Opfer fällt, bewahrt sich Cos Labory ein Gefühl für Maß, Strenge und Vernunft, und man wünscht sich, das dies Schule machen würde. M. W.

Sprach man früher von »Modellgütern«, sind es heute die »mustergültigen Keller«. Dieser hier verdient dieses Prädikat durch Eleganz und zielgerichtete Funktionalität.

CHÂTEAU
CLERC MILON

Pauillac

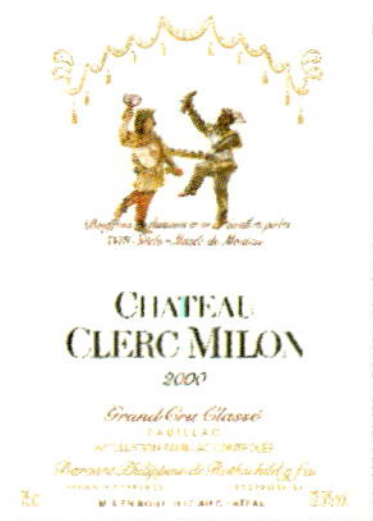

Die Klassifizierung von 1855 ließ das zu: Ein Cinquième Cru Classé wird eingerahmt von zwei Premiers Crus, nämlich Lafite-Rothschild und Mouton Rothschild. Da hilft nichts: Man kann sich kaum eine paradoxere und merkwürdigere Situation vorstellen als die von Clerc Milon. Man denke an ein charmantes Gasthaus mit guter Küche und links und rechts je ein weltberühmtes, großes Restaurant! Doch am Ende profitiert vielleicht der eigene Ruf von der feinen Umgebung.

1970 kaufte Baron Philipp de Rothschild dieses Gut, das dem seinigen geografisch so nahe und dessen Wein seinem eigenen qualitativ so sehr unterlegen war. Es bestand für den kühnen Baron die Versuchung, Clerc Milon vom gesamten Know-how profitieren zu lassen, das man auf Mouton Rothschild seit mehr als einem halben Jahrhundert gewonnen hatte. Seine Mannschaft machte sich auf der Stelle an die Arbeit. Sie führte eine Flurbereinigung durch, unterzog das Rebsortiment einer Revision und schuf die technischen Voraussetzungen, die man für die Herstellung eines großen Weines braucht. Dabei fing man mit einem Gärtank an, der für die damalige Zeit ein Hightechprodukt war. Bei solchen Anstrengungen konnte der Erfolg nicht ausbleiben. Innerhalb einiger Jahre gewann Clerc Milon seinen früheren Ruf zurück und rechtfertigte seine Stellung als Cinquième Cru. Die Spezialisten waren sich sogar einig, dass er eine Einstufung vielleicht unter die Seconds Crus verdient hätte.

Heute kümmert sich die Baronne Philippine eingehend um Clerc Milon – und zusätzlich auch um das schöne Château Armailhac. Sie erbringt dabei den Beweis, wenn es denn dessen bedurft hätte, dass sie ihre Kompetenz auch den anderen Crus des Hauses angedeihen lässt, und sie sich eben nicht auf das einfachere Gebiet der Premiers Crus Classés beschränkt.

In dieser Hinsicht ist es sicher nicht ohne Bedeutung, dass das Etikett von Clerc Milon kleine tanzende Steinfiguren aus der Hand eines deutschen Goldschmieds des 16. Jahrhunderts zeigt. Sie befinden sich in den wundervollen Sammlungen des Musée du Vin dans l'Art und stellen in der Tat ein Symbol dar: das des völligen Engagements und der persönlichen Verantwortung. M. W.

Kein noch so elegantes Schloss, kein noch so perfekter Keller kann es mit der Noblesse aneinander gereihter Barriquefässer aufnehmen.

Das Musée du Vin dans l'Art, ein Geniestreich des Baron Philippe de Rothschild, bietet mannigfaltige Motive für die kunstvollen Flaschenetiketten, die den Grand Vin der Familie zieren.

CHÂTEAU
CROIZET-BAGES

Pauillac

Seit mindestens einem Jahrhundert gibt es auf Croizet-Bages kein Château mehr. Das entsprechende Gebäude wurde 1875 an den Quais von Pauillac errichtet, was dieser Cinquième Cru mit dem Château Grand Puy-Ducasse gemeinsam hat. Doch nach der Meinung ihrer Besitzer lag es zu weit vom Weinberg entfernt. Wir sprechen hier von den Zeiten der Belle Époque, in der man von Image und Werbung noch kaum etwas wusste, während diese heute als unumgänglich gelten. Tatsache ist, dass das Château ohne Bedauern verkauft wurde, damit sich die Besitzer umso mehr der landwirtschaftlichen Seite dieser Domäne widmen konnten.

Dieses gleichsam enthauptete Weingut ging 1930 in den Besitz von Paul Quié über. Sein Sohn Jean-Michel leitet heute die Geschicke der Domäne. Er ist ein konservativer Mann im besten Wortsinn. Er macht keinen Hehl aus seiner Verbundenheit mit der Rue des Vignerons, die im Weiler Bages liegt und die ihm teurer ist als viele Schlösser in Spanien.

Offensichtlich stellten die Verrücktheiten der 1980er Jahre nie eine Versuchung für Jean-Michel Quié dar, jene Erfindungen und Verfälschungen der »Weiningenieure« wie auch die Marotten mancher Weingurus. »Die wollten, dass man den Wein eher kaut, als ihn trinkt«, grummelt er. Er habe ihnen nie zugestimmt, beim Ehrenwort eines Winzers! Nur wenn man sich von solchen Strömungen fern hält, hat man noch Chancen, dass man sich eines schönen Tages auf der Titelseite wiederfindet. Croizet-Bages ist das lebendige und – muss man das betonen? – in seiner Einfachheit und Gediegenheit erfreuliche Beispiel dafür.

Man sollte sich aber nicht täuschen über das, was man gemeinhin Einfachheit nennt. In dieser Kategorie findet man auch sehr ausgeklügelte Weine. »Wenn man will, dass ganz einfache Dinge nebeneinander koexistieren, so kann das kompliziert werden«, meint Jean-Michel beiläufig und paraphrasiert dabei taktvoll Oscar Wilde, ohne vorher darüber nachgedacht zu haben, wie es scheint.

Der Gutsbesitzer seufzt über die Schwärmerei der modernen Weinmacher für weniger harte und weniger kräftige Weine – und schneller trinkbare natürlich, aber auch für gleichzeitig säuerliche und fruchtige, aber mit sehr reifen Tanninen. Er ist glücklich darüber, dass man heute wie-

Das stolze Familienwappen ziert die Rückwand des Kellers.

CHÂTEAU
CROIZET-BAGES
PAUILLAC

CHATEAU
ROIZET-
BAGES
5
200 H

der zu den natürlichen Dingen zurückkehrt – und zu ganz anders strukturierten Weinen! Man muss sehen, wie die Leute von Croizet-Bages mit geschlossenen Augen und hohlen Wangen die Länge im Mund irgendeines der letzten Jahrgänge abwägen, um zu verstehen, wo die Präferenz liegt. Die Weine, die den Vorstellungen von Croizet-Bages entsprechen, sind solide gebaut, ehrlich, sauber, und es ist ohne Zweifel ein Vergnügen, sie zu trinken. Es sind Weine, die stolz sind auf ihre Herkunft. Die Männer, die sich als Agronomen und vielleicht auch Geologen begreifen, sind die Ersten, die die heutige Rückkehr zu den nicht zu ersetzenden Qualitäten des Terroirs begrüßen.

Von diesem Gesichtspunkt aus sind die kürzlich erfolgten Fortschritte spektakulär für ein Weingut, in dem es nach allgemeiner Ansicht noch viel zu tun gab. Diese Verbesserungen lassen das Ausgangsmaterial, die Trauben, ein Niveau erreichen, das man mit einfachem *savoir-faire* nicht schaffen kann. »Wir beschränken unsere Eingriffe auf den Anfang, um die Gefahr des Unvorhergesehenen zu minimieren. Damit verringern wir die größten Risiken.« Das macht aber den menschlichen Eingriff am Ende nicht überflüssig, ganz im Gegenteil. Es ist ein besonderer Augenblick, wenn letzte Hand angelegt wird! M. W.

Die Kellertechnik des Schlosses ist auf dem neuesten Stand; hier Edelstahl- und Betontanks (links und oben).

CHÂTEAU
CANTEMERLE

Haut-Médoc

Wenn man von Bordeaux die berühmte Landstraße nimmt, die sich durch das Herz des Médoc schlängelt, bietet sich Cantemerle als Pflichtstation an, eines der ersten und auffälligsten Cru-Classé-Güter auf dieser Route. Die schönen, respekteinflößenden Gitter um den großen Park mit alten Bäumen über dem Château bieten einen äußerst romantischen Anblick. Philippe Dambrine ist der Leiter dieses Weingutes, das derzeit Eigentum der Versicherungsgesellschaft Les Mutuelles d'Assurance du Bâtiment et des Travaux Publics ist. Sein Geländewagen durchfurcht oft die Weinberge wie bei dieser Winterinspektion der sorgfältig gepflegten Parzellen, wo sich die Angestellen im morgendlichen Nieselregen für die Januararbeiten vorbereiten: Der Zeitpunkt ist gekommen, um die abgeschnittenen und zwischen den Zeilen liegen gebliebenen Weinreben zu zerkleinern. »In einem Weinberg ist immer etwas zu tun«, konstatiert der Herr dieser Stätten.

Die rund siebenundachtzig Hektar Weinberg von Cantemerle teilen sich harmonisch auf drei in etwa gleich große Teile auf, die entweder wieder in Nutzung sind, ruhen oder nach dem Wechsel der Rebsorten erneut kultiviert werden. »Alles atmet und regeneriert sich, denn ein Weinberg lebt.«

In Zeiten, wo in der Welt der großen Weine eine Rückkehr zu den Quellen favorisiert wird, die Ära der Alchimisten vorbei zu sein scheint und die Vinifizierungsgurus die Grenzen ihrer Kunst, so sicher sie auch sein mag, schließlich zugegeben haben, nimmt die Pflege der Pflanze wieder den größten Teil der aufgewendeten Energie in Anspruch. »Überlegungen hinsichtlich der Quantität werden seit langer Zeit von einer sehr hohen Qualitätsanforderung von Grund auf widerlegt«, erklärt Philippe Dambrine. »Erträge sind für uns überhaupt kein stichhaltiges Kriterium mehr.«

Hier müsste man ins Detail der Überlegungen gehen können, welche die Führung eines solchen Gutes auf lange Sicht spannend machen. Man müsste gewisse administrative Auflagen vor Augen führen wie die »Pflanzrechte«, die eventuell von einem Grundstück auf ein anderes und günstigeres

Die kleinen Pavillons haben allesamt spitz zulaufende Dächer.

umgelegt werden können. Es wäre nicht schlecht, auch an die Grenzen im Zusammenhang mit der Klassifizierung von 1855 zu erinnern, die auf der Reputation gewisser Marken und nicht auf den Gegebenheiten der Böden beruht. Warum soll man nicht auch die Gelegenheit ergreifen, um auf das unglaubliche Spiel mit den Absteckpfählen hinzuweisen, das zwischen den bepflanzten Parzellen gespielt wird und das je nach Epoche mehr oder weniger günstig ausfällt.

Philippe Dambrine kommt wieder auf Cantemerle zurück: »Eine der größten Schwierigkeiten für uns lag in der Unmöglichkeit, auf die Archive der Domäne zuzugreifen«, sagt er. »Es gab keine kontinuierliche Weitergabe des Wissens. Dies zwang uns, alles selbst neu zu entdecken, Meter für Meter, Saison für Saison, denn in einem solchen Fall ist der Rückgriff auf frühere Zeiten notwendig.«

Je weiter man sich übrigens vom Château und den Bauwerken entfernt, desto dichter wird der Überblick, den man davon erhält. Ein heilsames Abstandnehmen, durch das man auf diesen Ländereien Spuren eines alten Flusshafens, die kaum veränderte Lage der früheren mittelalterlichen Scholle und die Ruinen eines einfachen Châteaus entdeckt, und nicht zuletzt die Auswirkungen der Bahnlinie, die im 19. Jahrhundert diese fragile Landschaft verwundet hat.

Die Seele von Cantemerle ist nicht in den sehr effizienten Fass- und Gärkellern zu suchen, diese zarte Seele versteckt sich hier vor unseren Augen: Es sind diese alten Rebstöcke, die der Winter in ihrer Kahlheit gepackt hat und die mehr als alle Anlagen der Welt über das aussagen, was seit so langer Zeit den Grund des Daseins der Menschen hier ausmacht: das Wissen, nur ein Glied in einer langen Kette zu sein. M. S.

Trotz der Verwüstungen durch die schweren Stürme von 1999 sind der Domäne einige wunderschöne alte Bäume erhalten geblieben.

1855

EINHUNDERTFÜNFZIG JAHRGÄNGE

Hier sind einhundertfünfzig Jahrgänge der Grands Crus Classés aufgeführt,
darunter zwei besonders bemerkenswerte aus der Zeit vor der Klassifikation von 1855.
Die Angaben stammen aus den Archiven des Bordelaiser Weinmakler-Unternehmens Tastet & Lawton,
das seit seiner Gründung im Jahr 1740 solche Aufzeichnungen führt.

1798 Lesebeginn: 13. September.
Ertragsmenge: Groß.
Qualität: Wunderbar.
Bemerkung: Ein Jahrgang, von dem man noch zwanzig Jahre lang sprach. Volle, kräftige, samtige Weine.

1811 Lesebeginn: 14. September.
Ertragsmenge: Groß.
Qualität: Außergewöhnlich.
Bemerkung: Sehr bemerkenswerte Weine, »Kometenweine« genannt.

1855 Lesebeginn: 7. Oktober.
Ertragsmenge: Sehr klein.
Qualität: Mittelmäßig.
Bemerkung: Weine, die im Allgemeinen zunächst als gut eingestuft wurden.

1856 Lesebeginn: 1. Oktober.
Ertragsmenge: Sehr klein.
Qualität: Sehr mittelmäßig.
Bemerkung: Passable Weine, einige nach Mehltau schmeckend.

1857 Lesebeginn: 20. September.
Ertragsmenge: Klein.
Qualität: Mittelmäßig.
Bemerkung: Sehr einfache Weine.

1858 Lesebeginn: 20. September.
Ertragsmenge: Groß.
Qualität: Sehr gut.
Bemerkung: Feine und elegante Weine.

1859 Lesebeginn: 23. September.
Ertragsmenge: Klein.
Qualität: Mittelmäßig.
Bemerkung: Einige Crus durch Mehltau verdorben.

1860 Lesebeginn: 26. September.
Ertragsmenge: Sehr groß.
Qualität: Schlecht.
Bemerkung: Sehr leichte Weine.

1861 Lesebeginn: 22. September.
Ertragsmenge: Sehr klein.
Qualität: Gut.
Bemerkung: Frost am 6. Mai. Gute, elegante Weine.

1862 Lesebeginn: 20. September.
Ertragsmenge: Groß.
Qualität: Mittelmäßig.
Bemerkung: Einfacher Jahrgang.

1863 Lesebeginn: 23. September.
Ertragsmenge: Klein.
Qualität: Mittelmäßig.
Bemerkung: Bei einigen Crus fehlt die Reife.

1864 Lesebeginn: 17. September.
Ertragsmenge: Enorm.
Qualität: Außergewöhnlich.
Bemerkung: Exquisite Weine, außerordentlich weich, reif, mit Bukett und Schwung; vollendete Weine.

1865 Lesebeginn: 6. September.
Ertragsmenge: Enorm.
Qualität: Gut.
Bemerkung: Gute, reife, aber harte Weine; mussten lange lagern.

1866 Lesebeginn: 21. September.
Ertragsmenge: Mittel.
Qualität: Schlecht.
Bemerkung: Passabler Jahrgang.

1867 Lesebeginn: 18. September.
Ertragsmenge: Klein.
Qualität: Mittelmäßig.
Bemerkung: Einfache Weine.

1868 Lesebeginn: 7. September.
Ertragsmenge: Groß.
Qualität: Ziemlich gut.
Bemerkung: Sehr ordentlicher Jahrgang.

1869 Lesebeginn: 15. September.
Ertragsmenge: Enorm.
Qualität: Sehr gut.
Bemerkung: Bemerkenswerte, runde Weine.

1870 Lesebeginn: 10. September.
Ertragsmenge: Groß.
Qualität: Sehr gut.
Bemerkung: Sehr gute Weine, sehr reif und sehr kräftig.

1871 Lesebeginn: 18. September.
Ertragsmenge: Groß.
Qualität: Gut.
Bemerkung: Leichte Weine, aber sehr elegant.

1872 Lesebeginn: 22. September.
Ertragsmenge: Klein.
Qualität: Mittelmäßig.
Bemerkung: Jahrgang ohne Stil.

1873 Lesebeginn: 20. September.
Ertragsmenge: Klein.
Qualität: Mittelmäßig.
Bemerkung: Heftiger Frost am 28. April. Schwieriger Jahrgang.

1874 Lesebeginn: 14. September.
Ertragsmenge: Enorm.
Qualität: Sehr gut.
Bemerkung: Sehr gute Weine.

1875 Lesebeginn: 24. September.
Ertragsmenge: Enorm.
Qualität: Sehr gut.
Bemerkung: Sehr gute und elegante Weine.

1876 Lesebeginn: 26. September.
Ertragsmenge: Klein.
Qualität: Mittelmäßig.
Bemerkung: Wein mit eingeschränktem Alterungspotential.

1877 Lesebeginn: 20. September.
Ertragsmenge: Groß.
Qualität: Gut.
Bemerkung: Leichter Jahrgang, aber charmante Weine.

1878 Lesebeginn: 19. September.
Ertragsmenge: Groß.
Qualität: Sehr gut.
Bemerkung: Sehr großer Jahrgang.

1879 Lesebeginn: 9. Oktober.
Ertragsmenge: Klein.
Qualität: Mittelmäßig.
Bemerkung: Einfacher Jahrgang.

1880 Lesebeginn: 21. September.
Ertragsmenge: Klein.
Qualität: Mittelmäßig.
Bemerkung: Vergleichbar mit 1879.

1881 Lesebeginn: 12. September.
Ertragsmenge: Klein.
Qualität: Gut.
Bemerkung: Gute Weine, solide und kräftig.

1882 Lesebeginn: 20. September.
Ertragsmenge: Klein.
Qualität: Mittelmäßig.
Bemerkung: Leichte, ziemlich elegante Weine, teilweise Mehltau.

1883 Lesebeginn: 26. September.
Ertragsmenge: Mittel.
Qualität: Mittelmäßig.
Bemerkung: Leichte Weine, die wenig Begeisterung wecken.

1884 Lesebeginn: 24. September.
Ertragsmenge: Klein.
Qualität: Mittelmäßig.
Bemerkung: Wegen Mehltaus ein schwieriger Jahrgang mit einigen großen Weinen.

1885 Lesebeginn: 26. September.
Ertragsmenge: Die Hälfte der üblichen Menge.
Qualität: Mittelmäßig.
Bemerkung: Viele Weine durch Mehltau verdorben.

1886 Lesebeginn: 20. September.
Ertragsmenge: Klein.
Qualität: Mittelmäßig.
Bemerkung: Viele Weine durch Mehltau verdorben.

1887 Lesebeginn: 17. September.
Ertragsmenge: Die Hälfte der üblichen Menge.
Qualität: Gut.
Bemerkung: Kräftige, feurige Weine; durch Behandlung gegen Mehltau unverdorben.

1888 Lesebeginn: 1. Oktober.
Ertragsmenge: Groß.
Qualität: Gut.
Bemerkung: Guter, eleganter Jahrgang.

1889 Lesebeginn: 29. September.
Ertragsmenge: Sehr groß.
Qualität: Gut.
Bemerkung: Ordentlicher, ziemlich eleganter Jahrgang.

1890 Lesebeginn: 29. September.
Ertragsmenge: Mittel.
Qualität: Gut.
Bemerkung: Kräftige Weine mit dichter Farbe; ziemlich gut.

1891 Lesebeginn: 2. Oktober.
Ertragsmenge: Mittel.
Qualität: Sehr mittelmäßig.
Bemerkung: Weine, denen oft die Reife fehlt.

1892 Lesebeginn: 22. September.
Ertragsmenge: Die Hälfte der üblichen Menge.
Qualität: Mittelmäßig.
Bemerkung: Schirokko am 15. August mit 43 Grad Celsius. »Überhitzter« Wein mit oft schwacher Farbtönung; elegant.

1893 Lesebeginn: 15. August.
Ertragsmenge: Enorm.
Qualität: Gut.
Bemerkung: Diese zunächst hervorragend eingestuften Weine enttäuschten stark im Alter.

1894 Lesebeginn: 5. Oktober.
Ertragsmenge: Die Hälfte der üblichen Menge.
Qualität: Sehr mittelmäßig.
Bemerkung: Weine ohne Qualität, unreif und mager.

1895 Lesebeginn: 22. September.
Ertragsmenge: Mittel.
Qualität: Mittelmäßig.
Bemerkung: Sehr große Hitze; schwierige Vinifikation. Die gut ausgebauten Weine sind bemerkenswert.

1896 Lesebeginn: 20. September.
Ertragsmenge: Enorm.
Qualität: Gut.
Bemerkung: Feine und delikate Weine.

1897 Lesebeginn: 20. September.
Ertragsmenge: Die Hälfte der üblichen Menge.
Qualität: Schlecht.
Bemerkung: Sehr mittelmäßige Weine.

1898 Lesebeginn: 23. September.
Ertragsmenge: Die Hälfte der üblichen Menge.
Qualität: Gut.
Bemerkung: Ein wenig harte Weine, die mit zunehmendem Alter besser wurden.

1899 Lesebeginn: 24. September.
Ertragsmenge: Sehr groß.
Qualität: Sehr gut.
Bemerkung: Jahrgang von sehr hoher Qualität.

1900 Lesebeginn: 24. September.
Ertragsmenge: Enorm.
Qualität: Außergewöhnlich.
Bemerkung: Jahrhundertjahrgang.

1901 Lesebeginn: 15. September.
Ertragsmenge: Enorm.
Qualität: Sehr mittelmäßig.
Bemerkung: Unbedeutende Weine; einige Crus sehr erfreulich.

1902 Lesebeginn: 27. September.
Ertragsmenge: Sehr groß.
Qualität: Schlecht.
Bemerkung: Besonders katastrophaler Jahrgang.

1903 Lesebeginn: 28. September.
Ertragsmenge: Sehr groß.
Qualität: Schlecht.
Bemerkung: Sehr schwieriger Jahrgang.

1904 Lesebeginn: 19. September.
Ertragsmenge: Sehr groß.
Qualität: Gut.
Bemerkung: Weine mit unterschiedlichem Alterungspotential.

1905 Lesebeginn: 18. September.
Ertragsmenge: Sehr groß.
Qualität: Mittelmäßig.
Bemerkung: Leichte, aber sehr elegante Weine.

1906 Lesebeginn: 17. September.
Ertragsmenge: Die Hälfte der üblichen Menge.
Qualität: Gut.
Bemerkung: Außerordentlich kräftige Weine.

1907 Lesebeginn: 25. September.
Ertragsmenge: Sehr groß.
Qualität: Mittelmäßig.
Bemerkung: Leicht und elegant; ähnlich wie 1905.

1908 Lesebeginn: 21. September.
Ertragsmenge: Mittel.
Qualität: Sehr mittelmäßig.
Bemerkung: Ein wenig harte Weine ohne großen Charme.

1909 Lesebeginn: 26. September.
Ertragsmenge: Mittel.
Qualität: Sehr mittelmäßig.
Bemerkung: Zunächst gute Weine, enttäuschten bei der Alterung.

1910 Lesebeginn: 10. Oktober.
Ertragsmenge: Die Hälfte der üblichen Menge.
Qualität: Schlecht.
Bemerkung: Besonders katastrophaler Jahrgang.

1911 Lesebeginn: 20 September.
Ertragsmenge: Mittel.
Qualität: Ziemlich gut.
Bemerkung: Sehr große Hitze.

1912 Lesebeginn: 26. September.
Ertragsmenge: Sehr groß.
Qualität: Schlecht.
Bemerkung: Weine, denen Struktur fehlt.

1913 Lesebeginn: 25. September.
Ertragsmenge: Sehr groß.
Qualität: Schlecht.
Bemerkung: Wässrige Weine, denen Tannin fehlt.

1914 Lesebeginn: 20. September.
Ertragsmenge: Mittel.
Qualität: Sehr mittelmäßig.
Bemerkung: Zunächst gute Weine, enttäuschten stark bei der Alterung.

1915 Lesebeginn: 22. September.
Ertragsmenge: Die Hälfte der üblichen Menge.
Qualität: Schlecht.
Bemerkung: Vergleichbar mit 1910.

1916 Lesebeginn: 26. September.
Ertragsmenge: Mittel.
Qualität: Gut.
Bemerkung: Solide und kräftige Weine, denen etwas Charme fehlt..

1917 Lesebeginn: 19. September.
Ertragsmenge: Mittel.
Qualität: Sehr mittelmäßig.
Bemerkung: Leichte Weine mit viel Bukett.

1918 Lesebeginn: 24. September.
Ertragsmenge: Mittel.
Qualität: Mittelmäßig.
Bemerkung: Saubere, aber harte Weine.

1919 Lesebeginn: 24. September.
Ertragsmenge: Sehr groß.
Qualität: Mittelmäßig.
Bemerkung: Leichte Weine, denen etwas die Konzentration fehlt.

1920 Lesebeginn: 22. September.
Ertragsmenge: Mittel.
Qualität: Gut.
Bemerkung: Noch einige schöne Flaschen vorhanden.

1921 Lesebeginn: 15. September.
Ertragsmenge: Mittel.
Qualität: Sehr gut.
Bemerkung: Extrem heiß; schwieriger Ausbau. Noch einige große Flaschen vorhanden.

1922 Lesebeginn: 19. September.
Ertragsmenge: Enorm.
Qualität: Sehr mittelmäßig.
Bemerkung: Leichte, etwas flache Weine.

1923 Lesebeginn: 1. Oktober.
Ertragsmenge: Mittel.
Qualität: Mittelmäßig.
Bemerkung: Weine mit wenig Farbe; einige haben unter der Hitze gelitten.

1924 Lesebeginn: 19. September.
Ertragsmenge: Sehr groß.
Qualität: Sehr gut.
Bemerkung: Einige Weine immer noch außergewöhnlich.

1925 Lesebeginn: 3. Oktober.
Ertragsmenge: Sehr groß.
Qualität: Sehr mittelmäßig.
Bemerkung: Grüne Weine mit fehlender Reife.

1926 Lesebeginn: 4. Oktober.
Ertragsmenge: Die Hälfte der üblichen Menge.
Qualität: Sehr gut.
Bemerkung: Einige Weine immer noch außergewöhnlich. Sehr starke Verrieselung.

1927 Lesebeginn: 27. September.
Ertragsmenge: Mittel.
Qualität: Schlecht.
Bemerkung: August und September sehr regnerisch; enttäuschender Jahrgang.

1928 Lesebeginn: 25. September.
Ertragsmenge: Mittel.
Qualität: Außergewöhnlich.
Bemerkung: Bemerkenswerte Weine; einige etwas hart.

1929 Lesebeginn: 26. September.
Ertragsmenge: Mittel.
Qualität: Außergewöhnlich.
Bemerkung: Jahrhundertjahrgang.

1930 Lesebeginn: 1. Oktober.
Ertragsmenge: Die Hälfte der üblichen Menge.
Qualität: Schlecht.
Bemerkung: Ein spurlos verschwundener Jahrgang.

1931 Lesebeginn: 2. September.
Ertragsmenge: Mittel.
Qualität: Sehr mittelmäßig.
Bemerkung: Ein spurlos verschwundener Jahrgang.

1932 Lesebeginn: 15. Oktober.
Ertragsmenge: Die Hälfte der üblichen Menge.
Qualität: Schlecht.
Bemerkung: Vergleichbar mit 1930 und 1931.

1933 Lesebeginn: 22. September.
Ertragsmenge: Mittel.
Qualität: Mittelmäßig.
Bemerkung: Leichte Weine mit viel Bukett.

1934 Lesebeginn: 14. September.
Ertragsmenge: Sehr groß.
Qualität: Sehr gut.
Bemerkung: Einige große Flaschen schmecken noch immer angenehm.

1935 Lesebeginn: 30. September.
Ertragsmenge: Sehr groß.
Qualität: Sehr mittelmäßig.
Bemerkung: Oft ein wenig grüne Weine, denen die Reife fehlt.

1936 Lesebeginn: 1.–4. Oktober.
Ertragsmenge: Mittel.
Qualität: Sehr mittelmäßig.
Bemerkung: Grüne Weine, denen die Reife fehlt.

1937 Lesebeginn: 20. September.
Ertragsmenge: Mittel.
Qualität: Sehr gut.
Bemerkung: Noch viele große Weine vorhanden.

1938 Lesebeginn: 28. September.
Ertragsmenge: Mittel.
Qualität: Mittelmäßig.
Bemerkung: Kleiner Jahrgang.

1939 Lesebeginn: 2. Oktober.
Ertragsmenge: Enorm.
Qualität: Mittelmäßig.
Bemerkung: Leichte Weine mit viel Bukett.

1940 Lesebeginn: 26. September.
Ertragsmenge: Mittel.
Qualität: Ziemlich gut.
Bemerkung: Kleiner Jahrgang.

1941 Lesebeginn: 3. Oktober.
Ertragsmenge: Mittel.
Qualität: Schlecht.
Bemerkung: Sehr mittelmäßige Weine.

1942 Lesebeginn: 19. September.
Ertragsmenge: Mittel.
Qualität: Gut.
Bemerkung: Zusammen mit 1943 der beste Jahrgang in dieser Zeit.

1943 Lesebeginn: 19. September.
Ertragsmenge: Mittel.
Qualität: Sehr gut.
Bemerkung: Einige große Erfolge.

1944 Lesebeginn: 27. September.
Ertragsmenge: Mittel.
Qualität: Mittelmäßig.
Bemerkung: Leichte und angenehme Weine.

1945 Lesebeginn: 13. September
Ertragsmenge: Die Hälfte der üblichen Menge.
Qualität: Außergewöhnlich.
Bemerkung: Katastrophaler Frost am 2. Mai; sehr konzentrierte Weine, viele noch erstaunlich jung.

1946 Lesebeginn: 30. September.
Ertragsmenge: Mittel.
Qualität: Mittelmäßig.
Bemerkung: Weine oft grün, denen die Reife fehlt

1947 Lesebeginn: 19. September.
Ertragsmenge: Mittel.
Qualität: Sehr gut.
Bemerkung: Einige legendäre Flaschen, die der Vollendung nahe kommen; Weine voller Charme.

1948 Lesebeginn: 27.–30. September.
Ertragsmenge: Mittel.
Qualität: Gut.
Bemerkung: Einige außergewöhnliche Weine.

1949 Lesebeginn: 27. September.
Ertragsmenge: Mittel.
Qualität: Sehr gut.
Bemerkung: Wunderbare Weine, die noch altern können; ähnelt 1947.

1950 Lesebeginn: 23. September.
Ertragsmenge: Sehr groß.
Qualität: Gut.
Bemerkung: Leichte und angenehme Weine; einige große Weine.

1951 Lesebeginn: 9. Oktober.
Ertragsmenge: Mittel
Qualität: Sehr mittelmäßig.
Bemerkung: Vergleichbar mit 1946.

1952 Lesebeginn: 17. September.
Ertragsmenge: Mittel.
Qualität: Sehr gut.
Bemerkung: Fest, tanninreich, muss lange altern; einige große Flaschen.

1953 Lesebeginn: 1. Oktober.
Ertragsmenge: Mittel.
Qualität: Sehr gut.
Bemerkung: Große Klassik: Gleichgewicht, Reichtum, Finesse, Langlebigkeit.

1954 Lesebeginn: 10. Oktober.
Ertragsmenge: Mittel.
Qualität: Sehr mittelmäßig.
Bemerkung: Saubere Weine, denen die Reife fehlt.

1955 Lesebeginn: 29. September
Ertragsmenge: Mittel.
Qualität: Sehr gut.
Bemerkung: Fest, konzentriert, braucht lange zur Entfaltung; einige sehr große Flaschen.

1956 Lesebeginn: 14. Oktober.
Ertragsmenge: Die Hälfte der üblichen Menge.
Qualität: Sehr mittelmäßig
Bemerkung: Katastrophaler Frost im Februar, wenig oder gar keine Produktion.

1957 Lesebeginn: 4. Oktober.
Ertragsmenge: Klein.
Qualität: Mittelmäßig.
Bemerkung: Starke Verrieselung; Weine bauen ausnahmslos ab.

1958 Lesebeginn: 10. Oktober.
Ertragsmenge: Die Hälfte der üblichen Menge.
Qualität: Mittelmäßig.
Bemerkung: Mittelmäßiger Jahrgang, teilweise ganz gut.

1959 Lesebeginn: 20. September.
Ertragsmenge: Die Hälfte der üblichen Menge.
Qualität: Außergewöhnlich.
Bemerkung: Sehr heiß und trocken; schwierige Vinifikation. Sehr große Weine, noch lagerfähig.

1960 Lesebeginn: 15. September.
Ertragsmenge: Mittel.
Qualität: Mittelmäßig.
Bemerkung: Leichte Weine mit beschränkter Zukunft.

1961 Lesebeginn: 22. September.
Ertragsmenge: Sehr klein.
Qualität: Außergewöhnlich.
Bemerkung: Jahrhundertjahrgang. Starke Verrieselung.

1962 Lesebeginn: 1. Oktober.
Ertragsmenge: Sehr groß.
Qualität: Sehr gut.
Bemerkung: Charmante Weine, die an 1924 erinnern.

1963 Lesebeginn: 7. Oktober.
Ertragsmenge: Sehr groß.
Qualität: Sehr mittelmäßig.
Bemerkung: In ihrer extremen Schwäche vergleichbar mit 1965 und 1968.

1964 Lesebeginn: 28. September.
Ertragsmenge: Sehr groß.
Qualität: Sehr gut.
Bemerkung: Ungleichmäßige Erfolge; einige große Weine müssen noch lagern.

1965 Lesebeginn: 30. September.
Ertragsmenge: Sehr groß.
Qualität: Sehr mittelmäßig.
Bemerkung: Vergleichbar mit 1963 und 1968.

1966 Lesebeginn: 20. September.
Ertragsmenge: Mittel.
Qualität: Sehr gut.
Bemerkung: Klassischer Jahrgang, große Eleganz. Das beste Jahr in diesem Jahrzehnt nach 1961.

1967 Lesebeginn: 25. September.
Ertragsmenge: Mittel.
Qualität: Ziemlich gut.
Bemerkung: Angenehmer Jahrgang; Weine trinkreif.

1968 Lesebeginn: 22. September.
Qualität: Sehr mittelmäßig.
Bemerkung: Vergleichbar mit 1963 und 1965.

1969 Lesebeginn: 23. September.
Ertragsmenge: Klein.
Qualität: Mittelmäßig.
Bemerkung: Ein Jahrgang, der kaum in Erinnerung geblieben ist.

1970 Lesebeginn: 27. September.
Ertragsmenge: Enorm.
Qualität: Sehr gut.
Bemerkung: Tanninreiche, ein wenig harte Weine; die besten reifen auch noch im neuen Jahrhundert.

1971 Lesebeginn: 27. September.
Ertragsmenge: Klein.
Qualität: Sehr gut.
Bemerkung: Starke Verrieselung. Elegante, ein wenig sanfte Weine; die besten jetzt auf dem Höhepunkt.

1972 Lesebeginn: 9. Oktober.
Ertragsmenge: Mittel.
Qualität: Mittelmäßig.
Bemerkung: Enttäuschender Jahrgang.

1973 Lesebeginn: 24. September.
Ertragsmenge: Enorm.
Qualität: Mittelmäßig.
Bemerkung: Weine bauen ausnahmslos ab.

1974 Lesebeginn: 26. September.
Ertragsmenge: Sehr groß.
Qualität: Mittelmäßig.
Bemerkung: Weine bauen ausnahmslos ab.

1975 Lesebeginn: 22. September.
Ertragsmenge: Mittel.
Qualität: Sehr gut.
Bemerkung: Tanninreiche Weine von uneinheitlicher Qualität; große Erfolge.

1976 Lesebeginn: 13. September.
Ertragsmenge: Sehr groß.
Qualität: Gut.
Bemerkung: Gluthitze und Dürre. Sehr gute Qualität, etwas durch Regen bei der Ernte beeinträchtigt.

1977 Lesebeginn: 5. Oktober.
Ertragsmenge: Klein.
Qualität: Mittelmäßig.
Bemerkung: Frost vom 31. März bis 9. April. Ziemlich guter Jahrgang, aber tanninreich und ein wenig hart.

1978 Lesebeginn: 8. Oktober.
Ertragsmenge: Mittel.
Qualität: Sehr gut.
Bemerkung: Klassische Weine, elegant; jetzt auf dem Höhepunkt.

1979 Lesebeginn: 5. Oktober.
Ertragsmenge: Enorm.
Qualität: Gut.
Bemerkung: Die Besten sind harmonisch und ausgewogen.

1980 Lesebeginn: 8. Oktober.
Ertragsmenge: Mittel.
Qualität: Ziemlich gut.
Bemerkung: Leichte Weine, geschmeidig und fruchtig.

1981 Lesebeginn: 28. September.
Ertragsmenge: Mittel.
Qualität: Gut.
Bemerkung: Reife Weine.

1982 Lesebeginn: 13. September.
Ertragsmenge: Enorm.
Qualität: Außergewöhnlich.
Bemerkung: Wunderbare Weine, noch bis zur Jahrhundertmitte lagerfähig.

1983 Lesebeginn: 26. September.
Ertragsmenge: Sehr groß.
Qualität: Sehr gut.
Bemerkung: Ausgereifte Weine, viele bemerkenswert.

1984 Lesebeginn: 1. Oktober.
Ertragsmenge: Mittel.
Qualität: Mittelmäßig.
Bemerkung: Häufig enttäuschend.

1985 Lesebeginn: 1. Oktober.
Ertragsmenge: Mittel.
Qualität: Ziemlich gut.
Bemerkung: Geschmeidige, fruchtige, elegante Weine, rasch auszutrinken.

1986 Lesebeginn: 26. September.
Ertragsmenge: Enorm.
Qualität: Sehr gut.
Bemerkung: Großer, alterungsfähiger Jahrgang, vor allem im Médoc.

1987 Lesebeginn: 1. Oktober.
Ertragsmenge: Mittel.
Qualität: Ziemlich gut.
Bemerkung: Geschmeidige, fruchtige, elegante Weine, rasch auszutrinken.

1988 Lesebeginn: 28. September.
Ertragsmenge: Enorm.
Qualität: Sehr gut.
Bemerkung: Klassische Weine, die noch altern müssen.

1989 Lesebeginn: 4. September.
Ertragsmenge: Sehr groß.
Qualität: Außergewöhnlich.
Bemerkung: Sehr großer Jahrgang, muss altern.

1990 Lesebeginn: 12. September.
Ertragsmenge: Enorm.
Qualität: Außergewöhnlich.
Bemerkung: Hitze. Weine schon jetzt angenehm zu trinken; großes Alterungspotential.

1991 Lesebeginn: 30. September.
Ertragsmenge: Sehr klein.
Qualität: Ziemlich gut.
Bemerkung: Frost am 21. April. Rotweine auf dem Höhepunkt.

1992 Lesebeginn: 29. September.
Ertragsmenge: Enorm.
Qualität: Mittelmäßig.
Bemerkung: Rotweine auf dem Höhepunkt, rasche Entwicklung.

1993 Lesebeginn: 20. September.
Ertragsmenge: Enorm.
Qualität: Ziemlich gut.
Bemerkung: Rotweine in rascher Entwicklung.

1994 Lesebeginn: 16. September.
Ertragsmenge: Sehr groß.
Qualität: Gut.
Bemerkung: Klassische Rotweine.

1995 Lesebeginn: 18. September.
Ertragsmenge: Sehr groß.
Qualität: Sehr gut.
Bemerkung: Homogener Jahrgang; große geschmeidige und harmonische Rotweine.

1996 Lesebeginn: 18. September.
Ertragsmenge: Sehr groß.
Qualität: Sehr gut.
Bemerkung: Großer, alterungsfähiger Jahrgang, vor allem im Médoc.

1997 Lesebeginn: 7. September.
Ertragsmenge: Sehr groß.
Qualität: Gut.
Bemerkung: Geschmeidige, fruchtige, charmante Weine.

1998 Lesebeginn: 23. September.
Ertragsmenge: Sehr groß.
Qualität: Sehr gut.
Bemerkung: Sehr klassischer Jahrgang mit Zukunft.

1999 Lesebeginn: 25. September.
Ertragsmenge: Sehr groß.
Qualität: Sehr gut.
Bemerkung: Sehr klassischer Jahrgang mit Zukunft, gut mit 1998 vergleichbar.

2000 Lesebeginn: 20. September.
Ertragsmenge: Sehr groß.
Qualität: Außergewöhnlich.
Bemerkung: Jahrhundertjahrgang wie 1900.

2001 Lesebeginn: 25. September.
Ertragsmenge: Groß.
Qualität: Sehr gut.
Bemerkung: Klassischer und viel versprechender Jahrgang.

2002 Lesebeginn: 23. September.
Ertragsmenge: Klein.
Qualität: Sehr gut.
Bemerkung: Der Altweibersommer rettete den Jahrgang. Viel versprechender Wein.

2003 Lesebeginn: 2. September.
Ertragsmenge: Klein.
Qualität: Bemerkenswert.
Bemerkung: Gluthitze.
Sehr viel versprechender Jahrgang.

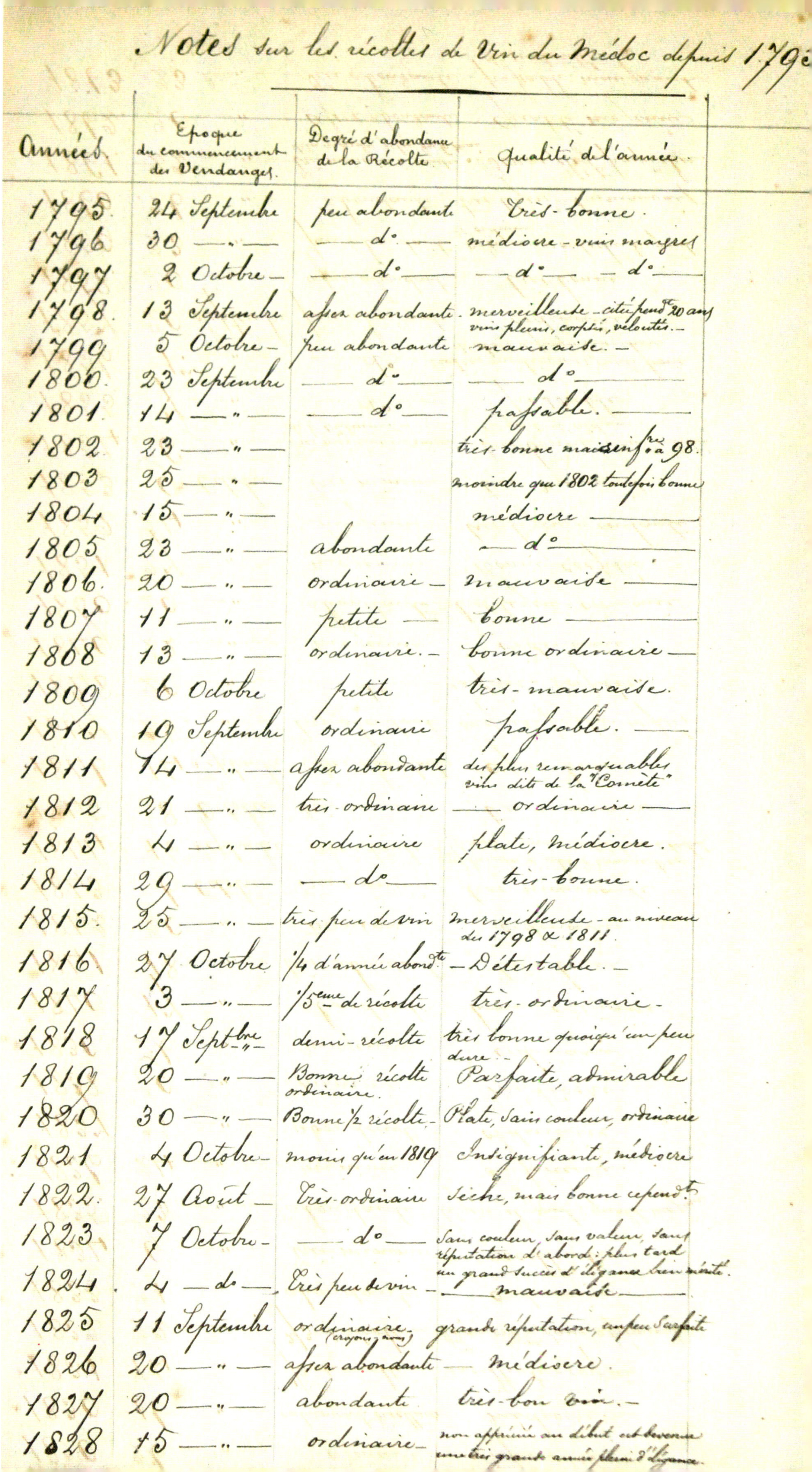
Notes sur les récoltes de Vin du Médoc depuis 179…

Années	Epoque du commencement des Vendanges	Degré d'abondance de la Récolte	Qualité de l'année
1795	24 Septembre	peu abondante	très-bonne.
1796	30 —"—	—d°—	médiocre - vins maigres
1797	2 Octobre	—d°—	—d°— —d°—
1798	13 Septembre	assez abondante	merveilleuse - cités pend.t 20 ans vins pleins, corsés, veloutés.
1799	5 Octobre	peu abondante	mauvaise.
1800	23 Septembre	—d°—	—d°—
1801	14 —"—	—d°—	passable.
1802	23 —"—		très-bonne mais inf.re à 98.
1803	25 —"—		moindre que 1802 toutefois bonne
1804	15 —"—		médiocre
1805	23 —"—	abondante	—d°—
1806	20 —"—	ordinaire	mauvaise
1807	11 —"—	petite	bonne
1808	13 —"—	ordinaire.	bonne ordinaire
1809	6 Octobre	petite	très-mauvaise.
1810	19 Septembre	ordinaire	passable.
1811	14 —"—	assez abondante	des plus remarquables vins dits de la "Comète"
1812	21 —"—	très-ordinaire	ordinaire
1813	4 —"—	ordinaire	plate, médiocre.
1814	29 —"—	—d°—	très-bonne.
1815	25 —"—	très peu de vin	merveilleuse - au niveau des 1798 & 1811.
1816	27 Octobre	1/4 d'année abond.te	Détestable.
1817	3 —"—	1/5eme de récolte	très-ordinaire.
1818	17 Sept.bre —"—	demi-récolte	très bonne quoique un peu dure.
1819	20 —"—	Bonne récolte ordinaire	Parfaite, admirable
1820	30 —"—	Bonne 1/2 récolte	Plate, sans couleur, ordinaire
1821	4 Octobre	moins qu'en 1819	Insignifiante, médiocre
1822	27 Août	Très-ordinaire	sèche, mais bonne cepend.t
1823	7 Octobre	—d°—	Sans couleur, sans valeur, sans réputation d'abord; plus tard un grand succès d'élégance bien mérité.
1824	4 —d°—	Très peu de vin	mauvaise
1825	11 Septembre	ordinaire (crayons noirs)	grande réputation, un peu surfaite
1826	20 —"—	assez abondante	médiocre.
1827	20 —"—	abondante	très-bon vin.
1828	15 —"—	ordinaire	non appréciée au début est devenue une très grande année pleine d'élégance

Aus dem Archiv von Tastet & Lawton, seit 1740 Weinmakler in Bordeaux.

Adressen

271 **CHÂTEAU D'ARMAILHAC**
33250 PAUILLAC
Tel. : + 33 (0) 5.56.73.20.20
Fax : + 33 (0) 5.56.73.20.91
webmaster@bpdr.com
www.bpdr.com

242 **CHÂTEAU BATAILLEY**
33250 PAUILLAC
Tel. : + 33 (0) 5.56.00.00.97
Fax : + 33 (0) 5.57.87.48.61
domaines.boriemanoux@dial.oleane.com

286 **CHÂTEAU BELGRAVE**
Vignobles Dourthe
33112 SAINT-LAURENT-MeDOC
Tel. : + 33 (0) 5.56.59.40.20
Fax : + 33 (0) 5.56.59.40.46
belgrave@cvbg.com
www.dourthe.com

224 **CHÂTEAU BEYCHEVELLE**
33250 SAINT-JULIEN
Tel. : + 33 (0) 5.56.73.20.70
Fax : + 33 (0) 5.56.73.20.71
beychevelle@beychevelle.com
www.beychevelle.com

162 **CHÂTEAU BOYD-CANTENAC**
Cantenac
33460 MARGAUX
Tel. : + 33 (0) 5.57.88.90.82
Fax : + 33 (0) 5.57.88.33.27
contact@boyd-cantenac.fr
www.boyd-cantenac.fr

204 **CHÂTEAU BRANAIRE-DUCRU**
33250 SAINT-JULIEN
Tel. : + 33 (0) 5.56.59.25.86
Fax : + 33 (0) 5.56.59.16.26
branaire@branaire.com
www.branaire.com

113 **CHÂTEAU BRANE-CANTENAC**
33460 MARGAUX
Tel. : + 33 (0) 5.57.88.83.33
Fax : + 33 (0) 5.57.88.72.51
contact@brane-cantenac.com
www.brane-cantenac.com

183 **CHÂTEAU CALON SÉGUR**
33180 SAINT-ESTEPHE
Tel. : + 33 (0) 5.56.59.30.08
Fax : + 33 (0) 5.56.59.71.51

291 **CHÂTEAU CAMENSAC**
Route de Saint-Julien
33112 SAINT-LAURENT-MeDOC
Tel. : + 33 (0) 5.56.59.41.69
Fax : + 33 (0) 5.56.59.41.73
chateaucamensac@wanadoo.fr
www.chateaucamensac.com

306 **CHÂTEAU CANTEMERLE**
33460 MACAU
Tel. : + 33 (0) 5.57.97.02.82
Fax : + 33 (0) 5.57.97.02.84
cantemerle@cantemerle.com
www.chateau-cantemerle.com

167 **CHÂTEAU CANTENAC BROWN**
33460 MARGAUX
Tel. : + 33 (0) 5.57.88.81.81
Fax : + 33(0) 5.57.88.81.90
infochato@cantenacbrown.com
www.chateaucantenacbrown.com

299 **CHÂTEAU CLERC MILON**
33250 PAUILLAC
Tel. : + 33 (0) 5.56.73.20.20
Fax : + 33 (0) 5.56.73.20.91
webmaster@bpdr.com
www.bpdr.com

128 **CHÂTEAU COS D'ESTOURNEL**
33180 SAINT-ESTÈPHE
Tel. :+ 33 (0) 5.56.73.15.50
Fax : + 33 (0) 05.56.59.72.59
estournel@estournel.com
www.cosestournel.com

294 **CHÂTEAU COS LABORY**
33180 SAINT-ESTÈPHE
Tel. : + 33 (0) 5.56.59.30.22
Fax : + 33 (0) 5.56.59.73.52
cos-labory@wanadoo.fr

302 **CHÂTEAU CROIZET-BAGES**
Rue de la Verrerie
33250 PAUILLAC
Tel. : + 33 (0) 5.56.59.01.62
Fax : + 33(0) 5.56.59.23.39
jphiquie@net-up.com

266 **CHÂTEAU DAUZAC**
1, avenue Georges-Johnson
Labarde
33460 MARGAUX
Tel. : + 33 (0) 5.57.88.32.10
Fax : + 33 (0) 5.57.88.96.00
andre.lurton@andrelurton.com
www.andrelurton.com

178 **CHÂTEAU DESMIRAIL**
Cantenac
33460 MARGAUX
Tel. : + 33 (0) 5.57.88.34.33
Fax : + 33 (0) 5.57.88.96.27
desmirail.accueil@free.fr

124 **CHÂTEAU DUCRU-BEAUCAILLOU**
33250 SAINT-JULIEN
Tel. : + 33 (0) 5.56.73.16.73
Fax : + 33 (0) 5.56.59.27.37
je-borie@je-borie-sa.com
www.chateau-ducru-beaucaillou.com

209 **CHÂTEAU DUHART-MILON**
33250 PAUILLAC
Tel. : + 33 (0) 5.56.73.18.18
Fax : + 33 (0) 5.56.59.26.83
www.lafite.com

100 **CHÂTEAU DURFORT-VIVENS**
33460 MARGAUX
Tel. : + 33 (0) 5.57.88.31.02
Fax : + 33 (0) 5.57.88.60.60
infos@durfort-vivens.com
www.durfort-vivens.com

186 **CHÂTEAU FERRIÈRE**
33 bis, rue de la Tremoille
33460 MARGAUX
Tel. : + 33 (0) 5.57.88.76.65
Fax : + 33 (0) 5.57.88.98.33
infos@ferriere.com
www.ferriere.com

154 **CHÂTEAU GISCOURS**
Route de Labarde
33460 MARGAUX
Tel. : + 33 (0) 5.57.97.09.09
Fax : + 33 (0) 5.57.97.09.00
giscours@chateau-giscours.fr
www.chateau-giscours.fr

254 **CHÂTEAU GRAND-PUY DUCASSE**
Quai Antoine-Ferchaud
33250 PAUILLAC
Tel. : + 33 (0) 5.56.11.29.21
Fax : + 33 (0) 5.56.11.29.28
contact@cordier-wines.com
www.cordier-wines.com

250 **CHÂTEAU GRAND-PUY-LACOSTE**
Domaines François-Xavier Borie
33250 PAUILLAC
Tel. : + 33 (0) 5.56.59.06.66
Fax : + 33 (0) 5.56.59.22.27
domainesfxborie@domainesfxborie.com

104 **CHÂTEAU GRUAUD LAROSE**
BP 6 33250 SAINT-JULIEN
Tel. : + 33 (0) 5.56.73.15.20
Fax : + 33 (0) 5.56.59.64.72
gl@gruaud-larose.com
www.gruaud-larose.com

278 **CHÂTEAU HAUT-BAGES LIBÉRAL**
33250 PAUILLAC
Tel. : + 33 (0) 5.57.88.76.65
Fax : + 33 (0) 5.57.88.98.33
infos@hautbagesliberal.com
www.hautbagesliberal.com

247 **CHÂTEAU HAUT-BATAILLEY**
Domaines François-Xavier Borie
33250 PAUILLAC
Tel. : + 33 (0) 5.56.59.06.66
Fax : + 33 (0) 5.56.59.22.27
domainesfxborie@domainesfxborie.com

74 **CHÂTEAU HAUT-BRION**
33608 PESSAC Cedex
Tel. : + 33 (0) 5.56.00.29.30
Fax : + 33 (0) 5.56.98.75.14
info@haut-brion.com
www.haut-brion.com

142 **CHÂTEAU D'ISSAN**
Cantenac
33460 MARGAUX
Tel. : + 33 (0) 5.57.88.35.91
Fax : + 33 (0) 5.57.88.74.24
issan@chateau-issan.com
www.chateau-issan.com

138 **CHÂTEAU KIRWAN**
Cantenac
33460 MARGAUX
Tel. : + 33 (0) 5.57.88.71.00
Fax : + 33 (0) 5.57.88.77.62
mail@chateau-kirwan.com
www.chateau-kirwan.com

42 **CHÂTEAU LAFITE-ROTHSCHILD**
33250 PAUILLAC
Tel. : + 33 (0) 5.56.73.18.18
Fax : + 33 (0) 5.56.59.26.83
www.lafite.com

220 **CHÂTEAU LAFON-ROCHET**
33180 SAINT-ESTÈPHE
Tel. : + 33 (0) 5.56.59.32.06
Fax : + 33 (0) 5.56.59.72.43
lafon@lafon-rochet.com
www.lafon-rochet.com

146 **CHÂTEAU LAGRANGE**
33250 SAINT-JULIEN
Tel. : + 33 (0) 5.56.73.38.38
Fax : + 33 (0) 5.56.59.26.09
chateau-lagrange@chateau-lagrange.com
www.chateau-lagrange.com

175 **CHÂTEAU LA LAGUNE**
81 avenue de l'Europe
33290 LUDON-MEDOC
Tel. : + 33 (0) 5.57.88.82.77
Fax : + 33 (0) 5.57.88.82.70
p.moulin@chateau-lalagune.com

151 **CHÂTEAU LANGOA BARTON**
33250 SAINT-JULIEN
Tel. : + 33 (0) 5.56.59.06.05
Fax : + 33 (0) 5.56.59.14.29
chateau@leoville-barton.com
www.leoville-barton.com

108 **CHÂTEAU LASCOMBES**
1, cours de Verdun - BP 4
33460 MARGAUX
Tel. : + 33 (0) 5.57.88.70.66
Fax : + 33 (0) 5.57.88.72.17
chateaulascombe@chateau-lascombes.fr
www.chateau-lascombes.com

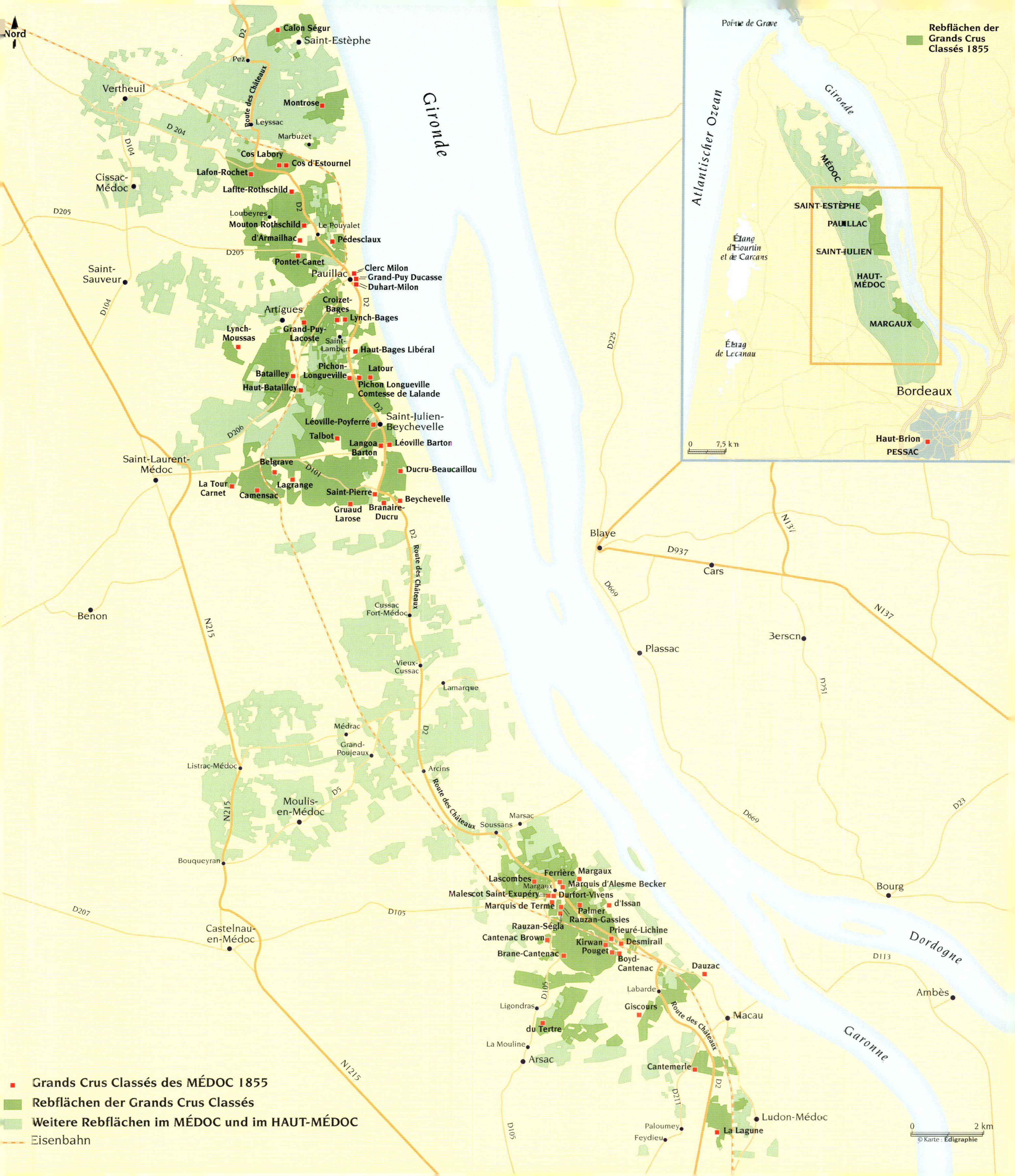

Nord
Gironde
Calon Ségur
Saint-Estèphe
Pez
Vertheuil
Route des Châteaux
Montrose
Leyssac
D 204
D104
Marbuzet
Cos Labory
Cos d'Estournel
Lafon-Rochet
Cissac-Médoc
Lafite-Rothschild
D205
D2
Loubeyres
Mouton Rothschild
Le Pouyalet
d'Armailhac
Pédesclaux
D205
Pontet-Canet
Saint-Sauveur
Pauillac
Clerc Milon
Grand-Puy Ducasse
Duhart-Milon
Croizet-Bages
Artigues
Lynch-Bages
D104
Lynch-Moussas
Grand-Puy-Lacoste
Saint-Lambert
Haut-Bages Libéral
Pichon-Longueville
Latour
Batailley
Haut-Batailley
Pichon Longueville Comtesse de Lalande
Saint-Julien-Beychevelle
Léoville-Poyferré
D206
Talbot
Langoa Barton
Léoville Barton
Saint-Laurent-Médoc
Belgrave
D101
Ducru-Beaucaillou
La Tour Carnet
Lagrange
Camensac
Saint-Pierre
Beychevelle
Gruaud Larose
Branaire-Ducru
D2
Route des Châteaux
Cussac Fort-Médoc
Benon
N215
Vieux-Cussac
Lamarque
Médrac
D2
Grand-Poujeaux
Listrac-Médoc
Arcins
Moulis-en-Médoc
D5
N215
Route des Châteaux
Marsac
Soussans
Bouqueyran
Ferrière
Margaux
Lascombes
Margaux
Marquis d'Alesme Becker
Malescot Saint-Exupéry
Durfort-Vivens
Marquis de Terme
d'Issan
Palmer
Rauzan-Gassies
D207
D105
Rauzan-Ségla
Prieuré-Lichine
Castelnau-en-Médoc
Cantenac Brown
Kirwan
Desmirail
Pouget
Brane-Cantenac
Boyd-Cantenac
Dauzac
D105
Labarde
Ligondras
Giscours
Route des Châteaux
Macau
du Tertre
La Mouline
Arsac
N1215
Cantemerle
D2
D211
D105
Paloumey
Feydieu
La Lagune
Ludon-Médoc
Blaye
D937
Cars
D669
N137
D225
N137
Plassac
Berson
D251
D669
D23
Bourg
D113
Dordogne
Ambès
Garonne
0
2 km
© Karte : Edigraphie
Pointe de Grave
Rebflächen der Grands Crus Classés 1855
Gironde
Atlantischer Ozean
MÉDOC
SAINT-ESTÈPHE
PAUILLAC
Étang d'Hourtin et de Carcans
SAINT-JULIEN
HAUT-MÉDOC
MARGAUX
Étang de Lacanau
Bordeaux
Haut-Brion
PESSAC
0
7,5 km
Grands Crus Classés des MÉDOC 1855
Rebflächen der Grands Crus Classés
Weitere Rebflächen im MÉDOC und im HAUT-MÉDOC
Eisenbahn

50 **CHÂTEAU LATOUR**
Saint-Lambert
33250 PAUILLAC
Tel. : + 33 (0) 5.56.73.19.80
Fax : + 33 (0) 5.56.73.19.81
info@chateau-latour.com
www.chateau-latour.com

97 **CHÂTEAU LÉOVILLE BARTON**
33250 SAINT-JULIEN
Tel. : + 33 (0) 5.56.59.06.05
Fax : + 33 (0) 5.56.59.14.29
chateau@leoville-barton.com
www.leoville-barton.com

92 **CHÂTEAU LÉOVILLE-POYFERRE**
BP 8
33250 SAINT-JULIEN
Tel. : + 33 (0) 5.56.59.08.30
Fax : + 33 (0) 5.56.59.60.09
lp@leoville-poyferre.fr
www.leoville-poyferre.fr

259 **CHÂTEAU LYNCH-BAGES**
33250 PAUILLAC
Tel. : + 33 (0) 5.56.73.24.00
Fax : + 33 (0) 5.56.59.26.42
infochato@lynchbages.com
www.lynchbages.com

262 **CHÂTEAU LYNCH-MOUSSAS**
33250 PAUILLAC
Tel. : + 33 (0) 5.56.00.00.97
Fax : + 33 (0) 5.57.87.48.61
phcasteja@dial.oleane.com

158 **CHÂTEAU MALESCOT SAINT-EXUPÉRY**
BP 8
33460 MARGAUX
Tel. : + 33 (0) 5.57.88.97.20
Fax : + 33 (0) 5.57.88.97.21
malescotsaintexupery@malescot.com
www.malescot.com

58 **CHÂTEAU MARGAUX**
BP 31
33460 MARGAUX
Tel. : + 33 (0) 5.57.88.83.83
Fax : + 33 (0) 5.57.88.31.32
chateau-margaux@chateau-margaux.com
www.chateau-margaux.com

191 **CHÂTEAU MARQUIS D'ALESME BECKER**
33460 MARGAUX
Tel. : + 33 (0) 5.57.88.70.27
Fax : + 33 (0) 5.57.88.73.78
marquisdalesme@wanadoo.fr

233 **CHÂTEAU MARQUIS DE TERME**
3, route de Rauzan
33460 MARGAUX
Tel. : + 33 (0) 5.57.88.30.01
Fax : + 33 (0) 5.57.88.32.51
marquisterme@terre-net.fr
www.chateau-marquis-de-terme-.com

132 **CHÂTEAU MONTROSE**
33180 SAINT-ESTEPHE
Tel. : + 33 (0) 5.56.59.30.12
Fax : + 33 (0) 5.56.59.38.48
www.chateaumontrose-charmolue.com

67 **CHÂTEAU MOUTON ROTHSCHILD**
33250 PAUILLAC
Tel. : + 33 (0) 5.56.73.20.20
Fax : + 33 (0) 5.56.73.20.91
webmaster@bpdr.com
www.bpdr.com

170 **CHÂTEAU PALMER**
33460 MARGAUX
Tel. : + 33 (0) 5.57.88.72.72
Fax : + 33 (0) 5.57.88.37.16
chateau-palmer@chateau-palmer.com
www.chateau-palmer.com

283 **CHÂTEAU PÉDESCLAUX**
Padarnac
33250 PAUILLAC
Tel. : + 33 (0) 5.56.59.22.59
Fax : + 33 (0) 5.56.59.63.19
contact@chateau-pedesclaux.com

116 **CHÂTEAU PICHON-LONGUEVILLE**
33250 PAUILLAC
Tel. : + 33 (0) 5.56.73.17.17
Fax : + 33 (0) 5.56.73.17.28
infochato@pichonlongueville.com
www.chateaupichonlongueville.com

120 **CHÂTEAU PICHON LONGUEVILLE COMTESSE DE LALANDE**
33250 PAUILLAC
Tel. : + 33 (0) 5.56.59.19.40
Fax : + 33 (0) 5.56.59.26.56
pichon@pichon-lalande.com
www.pichon-lalande.com

238 **CHÂTEAU PONTET-CANET**
33250 PAUILLAC
Tel. : + 33 (0) 5.56.59.04.04
Fax : + 33 (0)5.56.59.26.63
pontet-canet@wanadoo.fr
www.pontet-canet.com

212 **CHÂTEAU POUGET**
Cantenac
33460 MARGAUX
Tel. : + 33 (0) 5.57.88.90.82
Fax : + 33 (0) 5.57.88.33.27
contact@boyd-cantenac.fr
www.pouget.fr

228 **CHÂTEAU PRIEURÉ-LICHINE**
34, avenue de la Ve République
Cantenac
33460 MARGAUX
Tel. : + 33 (0) 5.57.88.36.28
Fax : + 33 (0) 5.57.88.78.93
prieure.lichine@wanadoo.fr

89 **CHÂTEAU RAUZAN-GASSIES**
Rue A.-Millardet
33460 MARGAUX
Tel. : + 33 (0) 5.57.88.71.88
Fax : + 33 (0) 5.57.88.37.49
jphiquie@net-up.com

84 **CHÂTEAU RAUZAN-SÉGLA**
BP 56
33460 MARGAUX
Tel. : + 33 (0) 5.57.88.82.10
Fax : + 33 (0) 5.57.88.34.54

196 **CHÂTEAU SAINT-PIERRE**
Domaines Martin
33250 SAINT-JULIEN
Tel. : + 33 (0) 5.56.59.08.18
Fax : + 33 (0) 5.56.59.16.18
domainemartin@wanadoo.fr

201 **CHÂTEAU TALBOT**
33250 SAINT-JULIEN
Tel. : + 33 (0) 5.56.73.21.50
Fax : + 33 (0) 5.56.73.21.51
chateau-talbot@chateau-talbot.com
www.chateau-talbot.com

274 **CHÂTEAU DU TERTRE**
Arsac
33460 MARGAUX
Tel. : + 33 (0) 5.57.97.09.09
Fax : + 33 (0) 5.57.97.09.00
dutertre@chateaudutertre.com

217 **CHÂTEAU LA TOUR CARNET**
Route de Beychevelle
33112 SAINT LAURENT-MeDOC
Tel. : + 33 (0) 5.56.73.30.90
Fax : + 33 (0) 5.56.59.48.54
www.la-tour-carnet.com

Für allgemeine Informationen:

CONSEIL DES GRANDS CRUS CLASSÉS DU MÉDOC
1, cours du XXX-Juillet
33000 BORDEAUX - France
Tel. : + 33 (0) 5.56.48.47.74
Fax : + 33 (0) 5.56.79.11.05
crus-classes@crus-classes.com
www.Grand-Cru-Classe.com

ÜBERSETZUNG
Die Übersetzer sind wie folgt vermerkt:
A. B.: Anke Beck
H. G.: Hannelore Ganslandt
I. I.: Ingrid Ickler
M. S.: Michaela Spath
M. W.: Marcus Würmli

BILDNACHWEIS
Alle Fotos in diesem Buch mit Ausnahme der nachfolgend genannten stammen von Christian Sarramon:
Seite 18 (unten) Châteaux Latour
Seite 19: © Musée national de la Marine/L.-S. Jaulmes
Seite 21 (oben): © Domaine Clarence Dillon SA
Seite 22 (links): © Roger-Viollet
Seite 28–29: © Max Alexander
Seite 301: © Guy Charneau
Seite 315: © François Laforêt – Tastet & Lawton

IMPRESSUM
Titel der französischen Originalausgabe
Bordeaux

Koordination: AIO, München
Lektorat: Wilhelm Girrbach
Grafische Gestaltung: Isabelle Ducat
Satz: ABC Fotosatz & Repro GmbH, München
Kartografie: Édigraphie, Rouen
Lithografie: Penez Éditions, Lille
Druck: Canale

Printed in Italy

ISBN 2-0802-1022-X
FB1022-04-IX
Dépôt légal: 9/2004

Éditions Flammarion
26, rue Racine
F-75006 Paris

www.editions.flammarion.com